中国经济文库
应用经济学精品系列

我国农村资金互助组织运行机制及效率研究

商文莉◎著

STUDY ON OPERATIONAL MECHANISM AND EFFICIENCY OF RURAL FUNDS COOPERATIVES

中国经济出版社
CHINA ECONOMIC PUBLISHING HOUSE
·北京·

图书在版编目（CIP）数据

我国农村资金互助组织运行机制及效率研究 / 商文莉著. -- 北京 : 中国经济出版社, 2025. 8. -- ISBN 978-7-5136-8319-7

Ⅰ. F323.9

中国国家版本馆 CIP 数据核字第 2025XL2636 号

责任编辑　冀　意
责任印制　李　伟
装帧设计　任燕飞工作室

出版发行　中国经济出版社
印 刷 者　河北宝昌佳彩印刷有限公司
经 销 者　各地新华书店
开　　本　710mm×1000mm　1/16
印　　张　12.75
字　　数　176 千字
版　　次　2025 年 8 月第 1 版
印　　次　2025 年 8 月第 1 次
定　　价　88.00 元
广告经营许可证　京西工商广字第 8179 号

中国经济出版社 **网址** http://epc.sinopec.com/epc/ **社址** 北京市东城区安定门外大街 58 号 **邮编** 100011
本版图书如存在印装质量问题，请与本社销售中心联系调换（联系电话：010-57512564）

序

文稿付梓之际，书案旁堆积的调研笔记已泛黄。这部以博士论文为根基的专著，记录了近年来我对农村资金互助组织的持续追踪，既是田野调查与学术思考的交织，也是对中国农村金融生态的深度叩问。

研究缘起于一次田野调查中的深刻触动。在青藏高原腹地，我目睹了村民为筹集养殖资金，不得不以远高于银行利率的成本，求助于民间非正规借贷组织，而村内自发组建的资金互助组织因政策身份模糊，在合规性边缘艰难维系。这种矛盾折射出农村金融供给的结构性困境，也坚定了我将研究视角聚焦于这一草根金融形态的决心。

研究过程是一场理论与实践的双向对话。为厘清资金互助组织的运行逻辑，我辗转多地开展参与式观察。当新冠疫情阻隔实地调研时，我便转向对政策文本的历时性分析，梳理新中国成立以来农村金融制度的演进脉络。这种在田野与文献间的往复穿行，逐渐勾勒出资金互助组织的立体图景，它既是传统互助文化的现代延续，也是政策环境与市场力量共同塑造的制度产物。

研究发现指向一个核心命题：农村资金互助组织的生命力源于其对乡土社会的适应性嵌入。成功的案例往往展现出双重特质，既保留基于地缘人情的非正式风控机制，又逐步吸纳现代金融管理要素。这种“传统—现代”的张力贯穿其发展全程：政策收紧时，部分组织通过强化社区纽带维系存续；市场扩张时，另一些组织则在利润导向中逐渐异化。这些实践为理解中国农村金融的制度弹性提供了鲜活注脚。

本书的完成得益于多方支持。感谢导师郑少锋教授始终强调“把学问谱写在大地上”，引导我在学术规范与田野经验间寻找平衡；感谢受访合作社成员的坦诚相待，他们的实践智慧不断校正我那些学究式的空想理论预设；同时感谢研究团队在数据整理阶段的严谨工作。文中若有任何疏漏，责任完全在于本人。

搁笔之时，我深知这仅是研究的阶段小结。随着乡村振兴战略的推进与数字技术的下沉，资金互助组织正面临新的转型挑战：如何既保持社区基因又提升专业能力？怎样在风险防控与普惠服务间取得平衡？这些问题将继续引领我的学术探索之路。愿这些思考能如星火，为农村金融改革之路增添些许光亮。

目 录 >>>

1

绪　论

1.1 研究背景

中华文明起源于农耕文明，农业的发展奠定了中华民族早期屹立于世界民族之林的基础。青藏高原素有“亚洲水塔”之称，其周而复始的冰川和积雪融水为中国广大内陆地区的河流提供补给，滋养了中华民族数千年的农耕文明，也塑造了以村社聚居为载体的传统小农经济形态。

农业是中国的立国之本，这是由我国的地理位置、历史传承和人文习俗共同决定的。农业在国民经济和社会发展中占据举足轻重的地位。然而在全球化演进、产业转型和技术革新的当下，农业既迎来新机遇，也面临严峻挑战。自 2006 年起，中央政府连续每年发布关于“三农”问题的“中央一号文件”，这已成为中共中央和国务院重视农村问题的标志性举措。在当前世界“逆全球化”发展背景下，进一步解决农业、农村和农民问题，实现乡村振兴，对于推动乡村产业升级转型、促进国家经济社会发展以及实现中华民族伟大复兴具有重大意义。

自 20 世纪 90 年代以来，我国“三农”形势日益严峻，究其根源主要是农业三要素——土地、资本和劳动力大规模流出农村。已有研究表明，一般发展中国家在单纯追求国内生产总值（GDP）增长阶段，传统经济领域三要素的流出都会导致该领域不可避免地衰落，而农村经济发展中要素长期大幅净流出，也使得“三农”形势显著恶化（田琳，2009）。农村金融改革伴随改革开放取得显著成效，但遗留问题依然较多，其中影响最大的是农村地区银行商业化改制后导致的农村资金大量流出。近年来，尽管政府要求已商业化改制的农村正规金融机构继续承担“支农”职能，但这既不符合金融经济规律，也难以在实践中被商业金融机构有效执行（卢娅，2008）。

我国农村金融组织体系由政策性银行、商业性银行、合作金融机构和非正规金融体系构成。虽然从理论上看，中国的农村金融体系较为完善，但在实践中其功能和效率的发挥却不尽如人意。20 世纪 90 年代中后期，中国农村金融体制改革快速推进，逐渐构建了以农业发展银行、农业银行和农村信用合作社为核心的农村正规金融组织体系（何广文，2007）。然而，农业发展银行业务范围较窄，多样化严重不足，难以对接农户和农村小微企业的信贷需求；农业银行在商业化推动下，逐渐远离农村和农民；农村信用合作社自身也面临一系列问题。其结果是，农村地区来自正规金融机构的金融供给十分有限，大量小额、分散的信贷需求得不到满足（王建英、陈东平，2011）。由此可见，如何重振农村经济，推动最具活力的农村资金要素回流农村，是亟待通过自主创新破解决的关键难题。

当前，完成改制的农村正规金融机构在选择与甄别客户群时，将本地龙头企业和农村专业大户等优质客户作为服务对象，但这并不能适应我国以分散小农为主的农村经济发展需求，在中西部欠发达地区表现尤为突出。史清华（2002）认为，从金融需求出发，商业金融难以满足中低收入农户的基本生活及生产的小额贷款需求，应主要依靠合作性金融与民间借贷组织。农村资金需求具有短、小、急、频的特征，与一般贷款显著不同。

在经济社会快速发展和巨大资金需求的推动下，民间自主金融创新催生了一种以成员为基础的资金互助形式，即以农村资金互助社为代表的农村资金互助组织。现阶段，我国农户和小规模农村企业是农村金融的需求主体，因此以农户和小企业为服务主体的农村资金互助组织更适应我国农村生产关系，也更符合我国分散的农村小额贷款市场现状（王玮、何广文，2008；谢永模、姜柏林，2009）。这一创新实现了非制度金融的制度化转型。与正规金融机构相比，农村资金互助组织具有信息、担保以及交易成本等优势，并能够充分利用农村社会资本中的社会规范和社群信任，约束本地社员的还款行为。

2006年12月，中国银行业监督管理委员会（简称“银监会”，2018年改为中国银行保险监督管理委员会）出台《关于调整放宽农村地区银行业金融机构准入政策更好支持社会主义新农村建设的若干意见》（银监发〔2006〕90号）。2007年，银监会颁布了《农村资金互助社管理暂行规定》（银监发〔2007〕7号）等相关行政文件，将农村资金互助社作为新型农村金融机构的组成部分，以追认的方式纳入制度金融框架内，并得到政府认可。2010年的中央一号文件提出要“加快培育村镇银行、贷款公司、农村资金互助社，有序发展小额贷款组织，引导社会资金投资设立适应‘三农’需要的各类新型金融组织”。[①] 在国家政策的引导下，东中部经济发达省份的地方政府率先开始鼓励发展适应本地实际情况的农村资金互助组织。

农村资金互助组织从获得官方认可到实际运营，经历了从诞生的喜悦到融资困难的转变，从各地竞相申请设立到部分退出市场，反映了合作金融在农村的广泛需求与现实约束之间的矛盾。由于目前我国农村金融体系尚不完善，相关配套政策措施缺失以及法律法规不健全，农村资金互助组织只能在夹缝中求生存。2012年6月，银监会宣布暂停审批农村资金互助社，这表明农村资金互助社无法取得正规金融制度下的金融许可证。无论是从最初设计的规模之小，还是民间申请设立的数量之多，农村资金互助社都超出了银监会的审批和监管能力，因此银监会放弃农村资金互助社金融许可证的审批是迟早的事。截至2024年10月，全国经银监会审批获取金融许可证的农村资金互助社从2012年6月最高数量49家减少至26家，但各地功能相近、性质相似且数量庞大的农村资金互助组织仍缺乏统一的

---

① 中共中央　国务院：《中共中央、国务院关于加大统筹城乡发展力度进一步夯实农业农村发展基础的若干意见》（2010年第4号），https：//www.gov.cn/gongbao/content/2010/content_1528900.htm，2010年2月10日。

主管管理单位。2012年10月23日，连云港灌南农民资金互助合作社发生资金被挪用过亿元的事件，以及后期连续爆发的农民资金互助社关门和资金挤兑事件，充分暴露出新兴的农村资金互助组织在审批核准主管部门、程序、风险监管和法律规范等方面存在重大漏洞，危害了当地的金融生态安全。因此，需要在现实试点运行的基础上不断完善，避免“一放就乱，一管就死”的弊端。

在此背景下，研究农村资金互助组织的形成背景及其天然优劣势，探讨其运行机制、结构、功能及相互关系具有现实意义，能够为该组织的协调高效运行提供科学依据。对农村资金互助组织的运行效率和支农效率进行测算，有助于更好地利用现有资源，也可以为未来提升组织竞争力和行业水平提供理论依据，确保其不偏离服务“三农”的目标。农村资金互助组织的良性可持续发展对我国农村地区经济社会发展具有十分重要的意义，这也是笔者撰写本书的宗旨。

1.2 研究目的及研究意义

1.2.1 研究目的

“三农”问题是关系国计民生的根本性问题。21世纪初期，为缓解农村金融市场供需失衡问题，我国启动新型农村合作金融组织创新试点，旨在通过制度增量改革破解农村金融抑制难题。然而，政策实践呈现出显著的阶段性特征：在试点窗口期过后，监管层出于风险防控的考量，实施了收缩策略，致使近半数的农村资金互助社退出了市场。与此同时，同步推进的农村信用合作社全面商业化改革，加速了县域金融服务的机构化、标准化进程。在此双重制度变迁的背景下，农村资金互助组织陷入了“政策扶持弱化”与“市场竞争挤压”的结构性困境，其市场空间持续缩小。尽管现实的发展轨迹偏离了初期的政策预期，但回溯性研究依然具有重要的理论价值。

(1) 基于农村资金互助组织的自发性质（与农村正规金融组织相区别）以及其在政府引导下所经历的制度变迁，从合作金融理论、信息不对称理论、局部知识理论、交易费用理论和社会资本理论等多个角度出发，全面阐释农村资金互助组织产生和发展的社会根源。

(2) 作为农村合作金融制度创新的关键样本，农村资金互助组织的运行机制折射出了“政府主导”与“市场演化”之间复杂的博弈关系。本书剖析了我国农村资金互助组织主要模式的运行机制，深入分析了组织整体运行系统的构成要素、各要素发挥功能的过程及原理，以及组织正常运行时各要素之间的关联规则。

(3) 从微观层面对农村资金互助组织的运行效率展开详细分析，以甄别出高效运作的组织特征，并在研究方法中尝试引入能够反映社会扶助效用的指标，以此与对其他一般性金融组织的研究相区别。效率分析能够解释组织异质性特征与制度环境的适配逻辑，为破解“普惠目标—商业可持续”的二元悖论提供经验证据。

(4) 在金融供给侧结构性改革的宏观背景下，对农村资金互助组织的支农效率进行分析，阐述其推动农村经济发展的具体方式，说明其提供的农村融资对农业经济以及农村经济社会所起到的推动作用，探究此类边缘化组织的生存弹性与转型路径，这对完善农村多层次金融市场体系具有重要的政策参考意义。

1.2.2 研究意义

农村资金互助组织是实现利益主体与服务主体相统一的农村合作金融组织，能够使资金留存在农村地区，从一定程度上缓解农村长期以来的资金供求矛盾，也是政府将非正规金融逐步纳入制度化过程的创新举措。研究农村资金互助组织对发展我国农村合作金融事业和完善农村金融服务体系具有重要的理论和实践意义。

1.2.2.1 理论意义

（1）从中国农村合作金融发展的漫长历程来看，传统农村合作金融组织大多呈现自上而下构建的体系模式。与之形成鲜明对比的是，农村资金互助组织走出了一条自下而上的发展之路。其组建的初衷，既与农村地区常规的正规金融机构差异显著，也区别于改制后商业化倾向浓重的农村信用合作社，更与其他商业性的新型农村金融机构截然不同。它深深扎根于农村地区，全心全意为农户和小企业服务，并非将追逐利润作为唯一目标，而是定位为服务性组织。从本质特性分析，农村资金互助组织融合了农村合作金融、非正规金融以及小微金融的多重特征，同时具备银行金融机构的基础功能。为了更精准地洞察现阶段我国农村资金互助组织的发展态势，对其进行系统性剖析十分必要。这一研究工作不仅能够丰富和完善我国合作金融以及农村金融体系的理论研究成果，还能为政府后续逐步起草和出台合作金融法提供新的理论支撑。

（2）农村资金互助组织作为农村金融的关键组成部分，需要同时实现双重目标：既要实现自身的可持续运营与发展，又要体现其支农属性带来的社会扶助效用。研究农村资金互助组织如何在满足这两个前提条件的基础上，更好地服务农村地区，进而提升社会整体福祉，为农村金融创新开拓新的思路，为提高农村金融市场运行效率提供科学依据。这对构建新时期普惠金融体系，以及切实落实国家乡村振兴战略，具有重要的现实意义。

1.2.2.2 实践意义

（1）农村资金互助组织扎根于农村，参与其中的人员高度依赖当地长期积累形成的乡村社会资本。从社会网络、社会规范和社群信任三个层面对乡村社会资本进行剖析，有助于深刻理解农村资金互助组织作为合作金融“微小”单位的生发根基。在此基础上，能够尝试解答在农村资金互助组织中，为何借贷金额虽小，但借贷行为违约率极低且深受组织成员欢迎。进一步深入剖析在推进城镇化与乡村振兴战略的进程中，乡村社会资本的动态演变与农村资金互助组织效能发挥之间的内在联系，具有重要的实践价值。

（2）运行机制堪称农村资金互助组织生存与发展的核心要素，它对组织的决策起着引导和制约作用。深入探讨运行机制，有助于了解该组织发展的内在逻辑机理，分析影响融资活动的各因素间的结构关系、相互作用方式，以及这些因素发挥作用的具体过程和原理。通过测度农村资金互助组织的运行效率，从微观层面可以分析在既定产出条件下，如何实现资源投入最小化；从宏观层面则能够剖析该组织对农业经济增长和农民收入提升的促进作用。这一系列研究工作对提高农村资金互助组织运行效率、合理调配和利用农村自有资金、推动我国新型农村合作金融组织实现可持续发展，具有重要的现实指导意义。

（3）农村资金互助组织由于在初期组建形式、外部环境依赖和内部管理方式上存在差异，导致不同组织的运行效率及影响因素各不相同。对其效率进行测度和比较，可以总结出农村资金互助组织的有效运行机制。由于获取金融监管部门金融许可证的农村资金互助社设立、监督和运行门槛较高，其交易成本往往高于民间自发成立的农村资金互助组织。此外，农村资金互助组织是否依托农民专业合作社，其运行效率是否存在显著差异，仍有待考证。因此，通过对正规与非正规农村资金互助组织，以及有无依托组织的农村资金互助组织进行运行效率的对比研究，总结出更高效组织的运行特征，能够为农村资金互助组织的规范化发展奠定坚实的理论基础。在此基础上，提出具有针对性的政策改进意见和建议，强化行业自律，对推动农村资金互助组织健康发展具有重要的实践意义。

1.3 国内外研究动态与文献综述

农村资金互助组织是在农村社区内设立的信用合作组织形式，具有合作金融的自组织特性。国家通过法律追认的方式，将其中极小一部分组织纳入了正规金融范畴，而更多的组织在各地方政府的工商、民政、农工委和农经站等机构的管理下，仍处于发展初探期。从组建目的和依据原则来看，农村资金互助组织具有合作金融属性，组织结构和业务经营内容也属于合作金融范畴；但从资金运行与管理方式来看，多数仍具有强烈的非正规金融特征。以下将对农村资金互助组织的基本理论与实践研究相关文献进行梳理。

1.3.1 基本特征相关研究

1.3.1.1 合作金融特征

农村资金互助组织类似于国外信用合作社的雏形，其区别于其他金融机构的最大特征是具有合作金融属性。在合作金融研究领域，有学者将其视为合作经济的一部分进行整体研究。例如，欧美国家经济学家格罗斯费尔德和阿尔德约翰（1990）、Obst Hintner（1993）与 Rolf Eschenburg（1995）等将合作经济与合作金融共同纳入研究范畴，在研究合作经济的同时从侧面研究合作金融，但未形成对信用合作社的统一认识和定义。国外学术界早期依据运行机理和业务特征来研究和界定农村合作金融，但经过长达一个半世纪的发展，合作金融组织历经合并、拆分与重组，目前国外合作金融组织的运行机制与经营范畴已突破传统合作金融的界定，与一般大型商业银行的运行机制并无差异，这使得人们逐渐忽略了此类组织原本的合作性质。

国内学者早期对农村合作金融的研究集中在合作金融组织的内涵、原则和条件等方面。进入 21 世纪后，研究更多的是为农村信用合作社改制寻找出路。一部分学者支持农村信用合作社进行商业化改制，另一部分则认为其应坚持合作性质，但更多学者认为农村信用合作社的改革必须从实际出发，对不同的组织制度和产权制度进行创新，只有明晰产权约束和完善法人治理结构，才能实现农村信用社体制改革的初衷（曾康霖，2001；尹志超，2004；刘励敏，2012）。由于农村信用社合作制的异化，我国合作金融制度实质上处于缺失状态。国内学者对我国合作金融组织未来发展提出了不同观点。温铁军（2001）、李树生（2003）、陈雪飞（2003）、葛勇（2007）、赵峦和孙文凯（2010）、刘锡良等（2013）从不同角度论述了继续推进农村信用合作社改革以满足我国农村地区农户生活和生产资金的需求。何广文等（2003）、李树生（2003）、杜晓山（2003）、陆磊和丁俊峰（2006）、毋俊芝和安建平（2008）则建议从农村合作基金会的失败和农村信用合作社的教训中总结经验，突破以往自上而下组建合作金融组织的传统观念，发展真正意义上的自下而上的合作金融组织。蒋永穆和王丽程（2019）、赵珊珊等（2019）、王杨（2020）、赵玉婷等（2021）、张妍晨等（2021）对中国新型农村合作金融的发展现状和现实障碍进行了总结，并提出了严控风险、强化内部管理、完善农村合作金融体系等破解途径。

农村合作金融在发达国家和发展中国家都展现出强大的生命力，其主要原因是基于社会资本理论，农村社会网络解决了信息不对称问题，农村社会规范对借款者有激励和约束作用，且信息成本、监督成本几乎为零。2006 年以后，国家政策更具开放性，允许发展新型农村合作金融组织。随着国家以追认的方式将农村资金互助社纳入我国农村正规金融体系，学者们的研究转向了这一民间自发形成的农村合作金融组织。《中华人民共和国农民专业合作社法》于 2006 年颁布后，以农民专业合作社为依托组建的农村资金互助组织大量涌现。尽管这些组织以非正规金融的身份广泛存在于农村地区，但基于其互助本质，更多学者开始关注其合作金融属性。

1.3.1.2 非正规金融特征

鉴于绝大多数农村资金互助组织以非正规金融形式广泛存在于农村地区，对农村非正规金融的研究成为其理论基础之一。农村非正规金融不仅在中国，在世界上绝大多数发展中国家和地区也广泛存在，是一种独特且重要的非正式融资制度安排。改革开放初期，针对非正规金融的研究主要集中在经济学逻辑、内在缺陷及运作效率方面。2005年后，随着实证研究分析方法的本土化推广，相关研究逐渐增多。对于农村非正规金融的研究主要体现在以下方面。

（1）非正规金融活动特征

非正规金融活动具有短期、小额、不规范、本地化和非生产性用途等特征。钱水土和陆会（2008）的调查研究发现，非正规金融借贷等待时间极短，九成的借贷期限在一年以内，借贷双方熟悉的借贷行为占86.3%，且农户用于解决生活困难的资金主要来源于非正规金融市场。姚耀军（2008）从博弈角度研究发现，社会各方的合作博弈均衡推动了非正规金融的产生与演进。邱洋冬（2019）的研究结果显示，当前非正规金融发展存在一些问题，这些问题亟待规制，其合法化与正规化发展能够更好地服务农户与中小企业，进而缩小城乡收入差距。

（2）农村非正规金融市场是农户融资的主要渠道

刘莉亚等（2009）的研究表明，农户一直有较强的融资需求，且随着经济发展，融资需求额度显著增大。农村非正规金融市场利率结构复杂，高利率与零利率现象并存。由于农村金融市场的二元结构与资金供需不平衡，高风险高收益的必然要求导致了农村地区高利率现象（张晓燕，2007）。农村非正规融资利率主要由资金的机会成本、信息成本、风险溢价等构成（何广文，2005）。部分农户借出资金时不收取利息，零利率或低利息的互助性借款仍是农户民间借贷的主体（曾学文等，2009），这种基于农村社会网络和社区信任的非正规融资方式能够快速传递借贷信息，有效降低交易成本，提高资金使用效率，节省信息和监督成本（崔慧霞，2005；诸葛隽，2009）。雷文杰等（2019）实证分析了非正规金融对我国农村居民多维贫困的影响，提出政府在制定脱贫政策时应有效利用非正规金融缓解农村居民多维贫困。周强等（2019）运用实证研究法分析了农村家庭资产贫困的特征事实和非正规金融的多维减贫效应，提出构建资产扶贫政策体系具有重大意义。

从对非正规金融与农村合作金融的梳理中可以看出，通过农村社会网络连接农户、获取信息成本低廉、利用社会规范约束和监督农户，并根植于农村社区，解决了正规金融机构因信息不对称产生的问题。而这些特征也正是农村资金互助组织所具备的。

1.3.1.3 农村资金互助组织基本特征

2006年后，国内学者将研究视野扩展到农村资金互助组织。何广文（2007）、夏英等（2010）认为，农村资金互助组织的特殊贡献在于能解决金融交易成本过高的问题，在解决逆向选择和道德风险等因信息不对称导致的问题方面具有绝对优势，是诱致性制度变迁的结果，也是我国所欠缺的合作金融制度的必要补充。总的来看，农村资金互助组织的基本特征主要包括以下四点。

（1）互助合作性

农村资金互助组织本质上是合作金融组织，具有合作经济中自愿互助合作的天然特性。合作金融组织的参与者一般都是经济上的弱者，由于缺乏有效抵押物，难以从商业金融机构获取贷款。农村资金互助组织通过资金的聚零为整和团体互助，借助组织取得信用，解决组织成员个人力量难以满足的资金需要，不以资本增值为目标。该组织利用资金的时间差，调剂成员间的需求，使得互助互利得以实现。

（2）乡村社区性

农村资金互助组织一般设立在以“村”或“乡（镇）”为单元的农村社区。组织成员生活在同一地域，经过长期交往相互熟知，具有共同的社会价值观并遵从乡规民约。农村社会网络一方面将组织内各成员联结起来，几乎无成本地获取彼此信息；另一方面，农村社区规范约束成员行为。康蓉英（2008）从社区规范角度提出，农村资金互助社有效运作的信用环境基于私人之间的非制度信任，分析了社区规范下的农村资金互助社运行的有效性。李喜梅和黄凤仁（2011）从社会资本层面分析，农村资金互助组织是金融机构与民间较好的信用载体形式。朱泓宇等（2018）提出，在实现乡村振兴过程中应重视基于村社型的资金互助社的发展。朱兴涛和李一凡（2021）运用定性研究和案例分析法发现，在金融抑制条件下，农村资金互助组织孕育期以个人信用为基础，成长期以团体信用为基础，发展期以组织信用为基础。

（3）利益主体一致性

农村资金互助组织就其机构本身的性质而言，构建主体和服务主体都是农民，具有利益主体一致性特点，完全不同于商业化运作的村镇银行和小额信贷公司中两个对立的利益主体。农村信用合作社在农村金融市场中占据主体地位，却难以满足农村巨大的金融需求，凸显出大市场与小生产的矛盾。因此，农村资金互助社作为新型农村合作金融组织，适应了我国当前农村生产关系的组织形式。也正是由于利益主体的一致性，农村资金互助组织不以营利为唯一目的，更注重互助互利，是基于“人”的“资”的合作。

（4）资金规模小、融资能力弱

农村资金互助组织综合融资能力整体较弱，其中盈利能力有限是造成内源融资能力不强的主要原因，而其外源融资能力更弱。这种情况进而影响组织对当地经济的带动作用，以及对当地软实力提升的助力。张笑寒等（2018）基于层次分析法（AHP 法），运用南京市浦口区和六合区的调研数据进行测算，结果显示该地区农村资金互助组织内源融资能力高于外源融资能力。

1.3.2 功能与分类

关于农村资金互助组织的功能，周振等（2011）通过比较农户加入农村资金互助组织前后的信贷可获得性与收入，发现互助社这一制度创新对提升农户福利具有明显的推动作用。郑宏和陈英（2012）研究了基于贷款需求下农户参与农村资金互助组织的程度和行为影响因素，提出政府应调整相关制度和配套措施，以保证组织发展中“互助”与“功利”的平衡。刘娟和李明贤（2012）从保护投资者利益的角度，分析了我国农村资金互助组织投资者保护的现状和问题，提出加强投资者保护以实现资金互助组织的持续发展。黄英君（2017）采用灰色关联法的邓氏模型，对民丰互助会的扶贫效应进行研究，认为在一定范围内深化和推广以农村资金互助组织为代表的农村合作金融模式，有利于健全和完善我国农村金融服务体系，推进金融精准扶贫工作。王刚贞和韩文（2018）提出，新型合作性金融组织——资金互助社可以通过其“熟人社区”优势开展农户消费信贷，提供农村金融信贷支持，缓解农户消费约束，实现农村消费增长。文博（2019）研究发现，农村资金互助社的成立能有效解决农产品销路问题，为农民提供稳定收益保障，提高农民收入，缩小城乡收入差距，促进农村现代化发展。张笑寒和陈毓雯（2020）针对内生动力视角下农民资金互助社的农户收入效应进行研究，发现内生动力对入社农户的家庭收入具有显著正向影响，且高收入农户的增收效果优于低收入农户。朱建华和李荣强（2021）利用空间杜宾模型实证研究农村金融对绿色发展的影响，发现其对推动城乡经济社会可持续发展、助力乡村振兴战略目标实现具有显著作用。

学术界与政府管理部门目前对农村资金互助组织的分类尚存分歧。郭海霞和鲁可荣（2012）根据不同注册及监管部门将其分为四类：第一类是正规农村资金互助组织，以取得金融许可证为主要标志，主要功能是为组织成员提供简单存取款和结算业务，金融监管部门将其界定为“社区互助性银行业金融机构”，也称为狭义农村资金互助组织；第二类是与取得法人资格、在各级地方工商部门登记的农民专业合作社共生的资金互助组织，以农村合作经济组织的信用部门或单独的资金互助组织形式存在；第三类是在地方民政部门注册的非营利性资金互助组织，又可区分为由中央政府推动、财政扶贫专项资金参与、旨在提高贫困农户发展能力的“贫困村村级发展互助资金组织”和由地方政府推动的农民资金互助组织；第四类是未取得银行保险监督管理机构的金融许可证书，也未在工商或民政管理部门注册登记，未取得任何合法地位的民间资金互助合作组织。第二、三类组织基于乡镇或行政村的乡村社会资本中的网络结构，组织成员之间存在血缘、亲缘、地缘或业缘关系，互信度较高。夏英和宋彦峰（2012）与孟飞（2014）则根据是否纳入统一制度规范及监管框架，将农村资金互助组织分为正规、准正规和非正规三类。常伟（2016）根据农村资金互助组织资金的来源和性质，将其分为财政资助型、外部捐助型和完全互助型。兰永海等（2018）根据资金互助组织的合作性质，将农村资金互助社分为社区互助合作制、合伙人股份制以及高息揽储的“假合作制”三种类型。

1.3.3 相关制度研究

1.3.3.1 内部治理

潘林（2010）以个案研究的方式，剖析了农村资金互助组织的组织形式、内部治理结构和经营方式。陈东平和周振（2012）引入“重构成本”概念，通过合作博弈模型分析农村资金互助组织内部治理机制“异化”的原因，建议政府在承认资金互助制度变更必然性的同时，设计有效的制衡机制，协调互助社内部矛盾。陈东平和任芃兴（2013）通过实证研究发现，组织成员异质性增大导致农村资金互助组织的内部治理机制逐渐偏离“民主治理”模式，并探讨了组织异质性的成员结构可能源于农村圈层结构改变的社会变迁过程。马九杰和周向阳（2013）通过实证观察，分析了农村资金互助社的治理机制在降低成本和提高经营灵活性方面的制度优势，该机制有效满足了农户多样化的资金需求。陈立辉和刘西川（2015）认为，农村资金互助社的治理制度在新阶段应进行重构，需遵从金融发展与激励相容原则，从民主、产权和产品三个方面寻求重构路径。孟存鸽（2018）

提出，我国农村资金互助社应建立审贷分离和贷款回收保障制度以规范内部管理，同时完善法人治理结构、规范社员大会，从而优化组织结构。

1.3.3.2 运行机制

以农村信用合作社为主体的中国合作金融发展之路崎岖坎坷，从最初的合作金融组织逐渐演变为改革前国家银行的基层机构，经历了强制性制度变迁。自改革开放以来，合作金融虽经历了一系列改革，但农村信用合作社仍未走上真正的合作之路。在农村金融改革中，农村信用合作社更倾向于股份制商业化改制，然而，尽管农村信用合作社的公司治理结构看似比较完整，但实际运行仍存在严重问题与缺陷（金鹏辉，2008）。

在我国非正规金融组织的运行过程中，自我约束机制和社会约束机制为借款者还贷提供了激励与约束。江曙霞和秦国楼（2000）研究发现，传统的民间融资活动包含互济互助的因素，这表明民间融资活动必须从经济和社会两个层面进行分析，它不仅是一种民间调剂资金余缺的经济制度，还是一种具有保障作用的社会制度。张杰（2003）指出，中国农村地区不存在纯粹的信用关系，借贷活动是以社会关系为基础展开的。农村社会资本是经济交换中可利用的重要资源，这种社区信任实际上起到了抵押品的作用。也正因如此，在广大农村地区，对于融资困难且势单力薄的农民而言，一般不会轻易违约。高帆（2003）提到，由于农村地区借款活动多在亲戚、朋友、邻居之间进行，这相当于在高度互识社会中的无限次重复博弈，农户违约会导致其在整个农村社区的信用和声誉受损，违约行为会引发惩罚效应的扩大化，影响其在村落中的信誉并增加日后借款难度。因此，贷款农户考虑到潜在违约成本后，会尽力按期还款甚至提前还款，一般不会恶意拖欠。由此可见，非正规金融的激励与惩罚机制主要以农村的社会网络为节点，基于社群信任获取融资，利用社区规范约束还款行为。

中国农村地区正规金融供给的严重不足直接催生了农村资金互助组织。作为农村自发金融创新的产物，其成员间通过持续借贷形成的资金互助机制本质上是一种重复博弈，这种机制有助于风险控制和管理（何广文，2007）。其良好的业务绩效和制度绩效表明，农村资金互助组织具有较高的推广价值和可复制性。各地区农村资金互助组织普遍通过多样化股金设置拓宽融资渠道（王玮、何广文，2008），并通过借款额度控制、资金使用内部化及利率差别化等举措有效降低经营风险。王建英和陈东平（2011）基于对不同经济发展水平下农村资金互助组织的研究发现，农民组织化与关联性交易是互助组织有效运行的关键。李明贤和周蓉（2016）对比异质性社员行为差异后提出，异质性社员具有合作可能性及其稳定运行机制。陈立辉和刘西川（2016）认为，农村资金互助组织的运行需围绕目标、手段和产品三个维度展开，以避免异化对弱势群体金融发展权的损害。周梅（2017）对比分析了农村资金互助社与其他农村金融组织的信贷运行机制障碍，结合国外发展经验，提出构建多维激励机制并完善农村财产权利体系。

1.3.3.3 运营效率

目前，针对农村资金互助组织效率的研究结论存在显著差异。邵传林（2010）运用案例比较法发现，由于政府过度监管，正规农村资金互助组织运行成本上升、社会福利缩减，因此非正规农村资金互助组织具有更高的制度效率。林乐芬等（2012）以江苏地区为研究对象，测算出当地农村资金互助组织的适宜资金规模，并根据实证研究结果发现，纯资金合作关系的互助组织运行效率高于生产合作紧密型组织。鞠荣华和许云霄（2015）采用超效率数据包络分析（Data Envelopment Analysis，DEA）方法研究得出，农村资金互助社在服务扩展性和可持续性方面的技术效率优于村镇银行，且处于规模报酬递增阶段，建议在农村金融增量改革中优先发展此类组织。李红艳和宿桂红（2018）基于 DEA 对吉林省农村新型金融组织的分析显示，农村资金互助社的高运营效率主要源于纯技术效率优势。申云等（2021）研究发现，当股权集中度在 47%～52%时，农村资金互助社运营效率最优，建议通过优化发起人股本金规模及持股比例来提升其运营效率。

在绩效研究方面，叶李伟和施佰发（2019）基于利益相关者理论提出，在金融扶贫背景下，需构建涵盖财务绩效与社会绩效的双维度绩效评价体系。戎承法和楼栋（2011）针对有专业合作背景的农村资金互助组织研究发现，社员数量与资金互助效果呈正相关，并且社际资金合作能显著提升资金需求满足度。王刚贞（2012）的案例研究表明，正规农村资金互助组织经营绩效更优，而非正规农村资金互助组织在社会绩效表现上更具优势。

在影响因素研究上，刘凯利（2010）利用 Yaron 业绩评估框架，通过分析农村资金互助组织的经营绩效指出，贷款利率、运行成本和贷款回收率是影响其可持续发展的核心因素。陈东平和周振（2012）的实证研究则显示，适度的政府管制对组织绩效具有正向促进作用。

1.3.3.4 风险管控

常伟（2016）建议从制度环境、外部监管与内控机制三个方面提升农村资金互助组织的风险防控能力。蓝虹和穆争社（2017）提出，在资金来源方面，需保持成员稳定性，确保互助资金源于自有资金；在资金运用方面，应限定服务地域范围，优先支持生产性及生活性支出，适度引入抵押担保机制；在外部监督方面，可探索政府购买服务模式，委托银行机构监测资金流动，建立信息披露制度与资金托管机制，以此提高农村资金互助组织的风险防范及处置能力。王杨（2019）则认为，应当明确农村资金互助组织的法律定位和政府角色，强调通过明确法律定位、规范股权设置和完善内部管理来防范组织风险。

1.3.4 外部环境研究

（1）政策研究

齐良书和李子奈（2009）基于社员利益最大化模型提出，政府应放宽存款利率限制、畅通外部融资渠道，并将扶持重点转向人员培训。董晓林等（2012）从微观层面研究社员利益倾向，结果显示农村资金互助组织呈现强烈的净贷款者利益倾向，主要原因在于监管政策对存款利率的严格限定。该研究建议放松存贷款利率限制，以解决组织因资金不足导致发展缓慢甚至偏离合作金融轨道的问题。曹军新（2013）运用整体政府理论分析当前农村合作经济组织业务金融化问题，发现政府金融综合配套措施缺失致使农村经济组织业务金融化，因而建议重建部门协作机制，推进整体改革，以“一揽子”方式解决农村金融综合改革问题。庄春瑞（2018）分析吉林农村资金互助社的发展状况后指出，应拓宽其融资渠道，加强人才队伍建设，加大财税政策对农村资金互助社的扶持力度。

鉴于自身特性及国家政策规定，农村资金互助组织独立组建且不得设立分支机构，每个组织均为相对独立的小规模运营单位，这在一定程度上限制了组织的资金来源与自身发展。部分学者提出，农村资金互助组织的发展需走联合之路。姜柏林（2010）主张在农村地区大力发展农村资金互助组织，重构新型农村生产关系，并倡导组织联合发展综合性农业协会。胡振华等（2014）提出，在农民专业合作、供销合作、信用合作“三位一体”的农协建设中，需优先建立并完善农村资金互助组织。宋晓薇（2014）通过分析农村资金互助社，倡导多方联合发展，形成多方合作、相融共生的发展理念。还有学者基于现代内生金融发展理论，认为应以国家干预促进不同金融组织、金融资产间的合作，将农村内生金融的资源优势与外生金融体制的制度优势相结合，作为农村金融改革的必要举措，从而提高金融支农、惠农效率。此外，王煜宇和张霞（2020）认为农村资金互助社应加强对外合作。

（2）立法研究

陈岷（2008）从法理学角度分析《农村资金互助社管理暂行规定》，认为应针对不同区域设定不同的注册资本数额，并适当放宽管理人员任职条件。彭春凝和苟正金（2011）则提出，应从法律上明确农村资金互助社的定位和内部管理结构，将取得金融许可证作为农村资金互助社运行的必要条件。于春敏和孟飞（2013）建议，从立法角度界定和发展农村合作金融组织制度的优势根源——草根性，并对其暴露出的劣势加以弥补和规制。李明贤和唐文婷（2019）、王杨（2019）强调，需通过完善相关法律制度保护普通社员的身份资格和合法权益。

（3）监管研究

张德峰（2012）认为，农村资金互助社的独立自主性促使银监会收缩监管职能、调整监管范围，应将提升农村资金互助社自我管理能力纳入法律框架。寿方亮（2013）建议，国家金融监管机构应依据农村金融二元结构，对不同规模的农村资金互助社采用差异化监管模式，以促进我国金融的包容性发展。张雷（2017）指出，提高对农村资金互助社的外部监督力度、落实内部监督制度、建立从业人员绩效评估机制，能够有效提升农村资金互助社的存续能力。孙同全（2018）分析认为，金融监管系统应权衡监管利弊，对农村资金互助组织实施选择性监管，顺应多重制度下的科层制逻辑。蓝虹和穆争社（2017）主张，地方政府对农村合作金融机构应采取非审慎监管，以增强其自主管理与自我发展能力，促进稳健经营，从而更有效地实现金融目标。张阳（2019）认为，破解农村资金互助社的发展困局，需重塑理念、重构制度，实现从“父爱主义监管”向“包容性监管”的转变。王波和段梦雅（2021）提出，应借鉴社会企业理论与制度，明确游离于法律监管之外的农村资金互助社的身份，实现内部治理与外部监管的有效联动。

1.3.5 国内外研究述评

综上所述，国内外学者对农村资金互助组织的研究呈现显著的务实导向，重点聚焦于内部管理、业务经营、发展困境等维度。在组织发展的外部环境层面，包括法律制度、政府关系等方面，也开展了广泛且深入的研究，其成果具备直接的实践指导价值。国外的合作金融研究已形成成熟体系，涵盖理论构建、研究方法及对策建议等内容，为我国相关研究提供了重要的理论借鉴。但由于经济背景、农村经济发展水平以及理论研究视角的差异，我国在开展合作金融组织研究时，需在借鉴国外经验的基础上，紧密结合我国农村的历史脉络与区域实际情况，防止因简单移植而产生适应性问题。

我国农村合作金融研究呈现渐进式发展特征。早期研究主要围绕农村信用合作社展开，以合作金融理论为基础，但在强制性制度变迁下，农村信用合作社逐渐丧失合作金融属性，异化为商业性金融机构。随着自发性农村资金互助组织的出现，研究重心逐步转移到组织本体。我国学者前期对合作金融的研究更侧重宏观功能分析，后期则以更为务实的态度，转向对合作金融组织本身的探究。

在农村资金互助组织的非正规金融属性研究方面，国外学术界主要围绕农村非正规金融的内在机理、规模与功能测度等展开，理论研究侧重论证非正规金融存在的必要性，实证研究则聚焦于制度效率。国内研究更关注其宏观功能，并对农村非正规金融的正规化路径进行探讨。然而，我国关于农村非正规金融的理论研究较为碎片化，尚未形成统一的理论分析范式，多数实证研究仅对常见观点进行验证。现阶段，国内研究较为客观地描绘了中国农村非正规金融的现实特征，并在以下方面达成共识：农村非正规金融融资是农户融资的主要渠道，利率波动范围较大，但资源配置效率较高。大量研究表明，农村非正规金融对农村经济增长具有显著的推动作用。不过，在非正规金融规模测度和影响因素等方面，研究结论仍存在较大分歧。

近年来，我国对农村资金互助组织的研究成果丰硕，但在研究深度和广度上仍有提升空间。在基本理论层面，学术界已就一些关键问题达成共识，如农村资金互助组织属于合作金融范畴，其组建应遵循国际合作原则，该组织的设立对破解农村贷款难题、推动普惠金融体系建设具有积极意义。然而，在部分问题上国内学者仍存在争议：农村资金互助组织是否应“转正”成为持有金融许可证的新型农村金融机构？若选择“转正”，何时为最佳时机？政府该如何“适度”扶持农村资金互助组织，避免重蹈农村信用合作社和农村基金会的覆辙？对于“单细胞”式的农村资金互助组织，应由哪个单位负责监管，怎样监管才能实现高效低成本？尽管我国合作金融在现行金融体系中处于从属地位，相关学术研究也并非农村金融研究的主流，且行业存在乱象、法律保障不足，但合作金融在发达国家历经一个半世纪的发展，展现出顽强的生命力和强大的适应性。这表明，我国农村资金互助组织研究仍有广阔的探索空间。

目前，针对农村资金互助组织的研究仍存在诸多不足。其一，由于缺乏统一管理单位和统计标准，研究对象多局限于案例对比，或针对某地区少数农村资金互助社的调研，更多的是对现象的分析，缺乏对组织运行规律的深入挖掘，区域间共性与差异研究明显不足。其二，现有研究多聚焦于组织本身的现实性和特殊性，忽视了对其文化基础的探讨，也未充分从传统农村社会信用机制等社会资本视角进行拓展研究。其三，受现实条件制约，对正规农村资金互助社的研究虽较为规范，但研究方法单一，难以充分体现对组织成员的实际效用。此外，自 2012 年农村资金互助社停批后，处于试行阶段的机构数量从 49 家减少至 2024 年的 26 家。因此，有必要采用联系、动态的研究方法，对广泛存在的各类农村资金互助组织展开深入研究，探索其规范化发展路径，解决农村资金供需失衡问题，优化农村金融服务体系，从而有力推进乡村振兴战略的实施。

1.4 研究思路与方法

1.4.1 研究思路

本书基于农村合作金融需实现组织自身可持续发展与支农性社会扶助效用相统一的双重目标，在阐释农村资金互助组织运行机制的基础上，通过微观层面的运行效率测度与宏观层面的支农效率评估，深入探究其可持续发展能力及对农村社会的扶助效果，最终提出提升组织效率的可行性建议。具体技术路线如图 1-1 所示，研究逻辑如下。

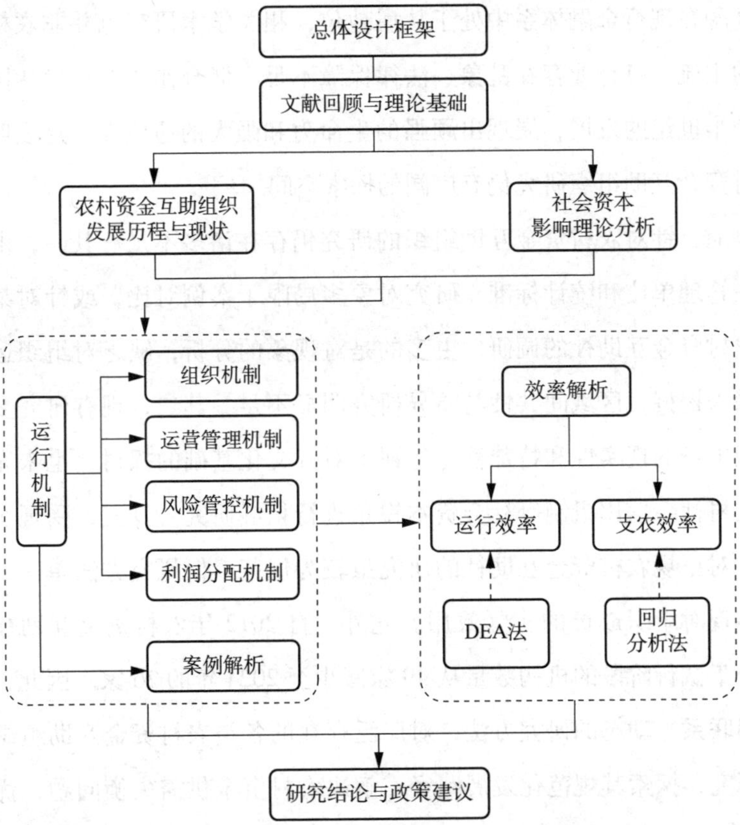

图 1-1　研究技术路线

以农村合作金融相关理论为框架，解析农村资金互助组织的特征与运行机制。结合其“服务主体与利益主体一致性”的核心属性，运用计量方法，分别从微观（运行效率）和宏观（支农效率）两个维度，对其经济和社会效用展开评估。同时，借鉴东南亚国家与地区农村合作金融的实践经验，提出优化农村资金互助组织发展的建议与策略。

1.4.2 研究方法

（1）文献研究法

通过文献研究法，广泛搜集、查阅和梳理国内外关于农村合作金融、非正规金融发展的学术文献与个人著作，涵盖理论依据、宏微观背景及研究现状等方面。提炼所需信息并贯穿农村资金互助组织的分析过程，为本书定性与定量分析奠定坚实的理论基础，确保研究框架的全面性和客观性。

（2）系统分析法

将农村资金互助组织视作由多要素构成、具备特定功能的有机系统，系统内各部分相互作用。从整体视角出发，运用整体性分析方法，深入揭示农村资金互助组织的功能定位、运行规律，以及内外部互动机制，精准识别制约其效率的关键因素，为优化政策设计提供系统性解决方案。

（3）综合分析与案例研究结合法

在分析农村资金互助组织运行机制时，本书将综合分析与个案分析相结合。先进行全面的综合比较分析，再选取典型案例展开深度剖析，将普适性特征具体化阐释，总结运行机制中的共性问题，为理论层面的机制完善提供实证支撑。

（4）定性与定量结合法

本书将运用合作金融、非正规金融理论及制度经济学等理论，从“质”的层面论证农村资金互助组织存在的必要性。同时，构建计量模型，采用 DEA 法测度其运行效率，并基于 DEA 效率分析结果，运用虚拟变量回归方法识别影响农村资金互助组织效率的因素，深入揭示组织发展的深层制约机制。

1.5 创新之处

（1）社会资本理论的应用拓展

本书从社会资本理论视角深入解析其对农村资金互助组织的影响路径，揭示其主要通过营造农村信用环境、降低组织运行成本和拓宽组织成员融资渠道三条路径发挥效用。农村社会网络、社会规范与社区信任从不同维度推动农村资金互助组织的组建与运行，但其内在矛盾性也会对互助组织的潜在发展形成制约。

（2）双重目标导向的效率评价体系创新

农村资金互助组织的经营需兼顾自身可持续发展与对乡村社区的扶助效用。以往对农村资金互助组织的效率研究多局限于财务数据运用和运营能力判断，未能充分体现其作为合作金融组织的社会效用，存在客观性不足与局限性的问题。本书突破传统单一的财务效率评价框架，创新性引入“社员人均贷款发生率”指标，量化反映组织成员融资的可获得性，构建起兼顾运营能力与社会效用的综合评价体系，为合作金融组织评价指标体系的完善及监管机构的风险管理提供理论参考。

（3）县域非正规金融规模测度方法的改进

本书通过估算县域非正规金融规模替代农村资金互助组织规模，实证测度农村资金互助组织对农业经济和农民收入的作用程度。鉴于农村资金互助组织对县域农村经济社会的影响存在直接和间接两种方式，本书尝试将农村资金互助组织的融资作为独立因素，以及与财政支出及农机总动力相结合后的复合因素，运用计量回归方法测度其对农业经济的影响。研究结果表明，农村资金互助组织融资规模作为独立因素对第一产业增加值、农业总产值和农民收入水平具有正向促进作用；与农村固定资产投资协同作用时，对农业经济增长的拉动效应进一步增强。

2

农村资金互助组织理论基础

2.1 农村资金互助组织相关概念

2.1.1 农村资金互助组织相关概念界定

2.1.1.1 农村资金互助组织

中国农村金融改革初期，旨在构建农业银行、农业发展银行及农村信用合作社“三位一体”的协同发展制度，三者分别承担商业性贷款、政策性金融支持和小额生产性融资职能。然而，受商业银行逐利本质的驱动，农业银行体系逐步退出农村金融市场，致使农村信用合作社成为服务广大农村地区的唯一正规金融机构。从制度演进的角度来看，尽管农村信用合作社被冠以“合作”之名，但其从诞生、发展到历次改革，始终处于政府行政力量的强力主导之下。特别是2003年启动的农村金融深化改革，使农村信用合作社的运营模式显著偏离合作制本源，呈现明显的商业化转型趋势。尽管目前农村信用合作社仍是支农金融的主力军，但在成本收益的约束下，其服务重心逐渐向农村龙头企业等优质客户倾斜，客观上造成了对资金需求额度小但数量庞大的小微农业经营主体和农户的金融排斥。

为填补由此产生的金融服务真空，一种由农户及农村小微企业自愿入股组成的新型合作金融组织——农村资金互助社应运而生。其发展迅速获得监管认可：2006年底，银监会发布90号文，首次将这类互助社纳入正规金融监管框架；次年，《农村资金互助社管理暂行规定》及配套章程的颁布，则进一步从制度层面明确了其作为社区互助性银行业金融机构的合法地位。该规定特别强调，互助社需经监管部门批准设立，并严格限定其服务对象（乡/村社员）与业务范围（主要为社员提供存贷款、结算等业务），体现了监管层审慎推动新型合作金融发展的政策考量。

国际经验表明，合作金融组织在初级发展阶段普遍呈现数量众多、单体规模有限的特点。然而我国农村资金互助社数量最多时仅有 49 家获得金融许可，无论机构数量还是资产规模均难以满足 4.65 亿农村人口的多元化金融需求。值得注意的是，在银监会暂停审批新设机构后，大量名称相似但性质各异的资金互助组织在政策引导下自发形成。这类组织主要包括两类形态：一类是依托农民专业合作社开展内部资金互助的准正规组织；另一类是完全由农户自发设立的草根型互助组织。这些介于正规金融与非法集资之间的合作金融形态，本质上是农户通过股权联合实现"金融互助共同体"的制度创新，旨在构建内生性融资机制以解决传统金融服务缺位问题。

基于学术研究的传承与发展，本书将农村资金互助组织界定为：基于地缘或业缘纽带，遵循国际合作社原则，由具有共同金融需求的农户自愿出资入股、实行民主管理运营，主要为成员提供限定性存贷服务，并致力于促进社区经济发展的互助性信用合作组织。真正的合作金融组织具有显著的非营利特征，其制度内核在于通过集体行动机制为成员提供普惠金融服务，进而实现经济合作与社会进步的双重目标。与商业金融机构相比，其本质区别体现在四个方面：服务宗旨的社员导向性、组织架构的微型社区性、目标客户的成员专属性，以及运营遵循"小额、分散、适度收益"的风险控制原则。这种内生性融资机制有效调和了农村金融供需的结构性矛盾，形成具有自我服务功能的普惠金融生态系统。

2014 年中央一号文件系统提出农村金融制度创新的五项核心准则，为规范资金互助组织发展提供制度框架①。

---

① 中共中央 国务院：《中共中央、国务院关于全面深化农村改革加快推进农业现代化的若干意见》（2014 年第 3 号），https：//www.gov.cn/gongbao/content/2014/content_2574736.htm，2014 年 1 月30 日。

（1）社员制原则

强调成员身份的双重属性：既是资本供给者也是需求主体，构建利益共同体机制。在组织初创阶段，严格实施内部封闭式信用交易，可有效规避因监管缺失导致的流动性风险。

（2）封闭性原则

要求金融服务严格限定在组织成员内部循环，禁止与非社员主体发生资金融通行为，确保风险在可控范围内传导。

（3）非吸储放贷原则

明确互助资金来源于成员股金积累，禁止采用高息揽储等商业金融机构的负债经营模式，坚守合作金融本源价值。

（4）非固定回报原则

建立差异化收益分配机制：股金分红实行“双上限”控制（不超过可分配盈余的50%），剩余利润按交易量实行二次返还；存款利息严格参照中央银行基准利率执行。此制度设计既防范高息揽储风险，又抑制资金脱农倾向。

（5）社区性原则

严格限定业务覆盖范围为乡镇或行政村行政区域，充分发挥乡土社会资本的风险缓释功能，构建地理边界清晰的风险隔离机制。

2022年中央一号文件首次将“强化乡村振兴金融服务”单列成章，这一举措意义重大，标志着农村金融改革已成为乡村振兴战略的核心支撑。它反映出决策层对农村金融供给侧结构性改革的战略考量，旨在通过构建与乡村特点相适配的金融服务体系，破解长期制约“三农”发展的融资难题①。

2.1.1.2　运行机制

“机制”一词源于希腊语，最初作为物理学术语用于描述机器的构造

① 中共中央　国务院：《中共中央、国务院关于做好2022年全面推进乡村振兴重点工作的意见》，https://www.gov.cn/zhengce/2022-02/22/content_5675035.htm，2022年2月22日。

原理、工作方式及内部各部分之间的关系。随后，该词被广泛引入生物学和医学领域，用以指代生物有机体的结构、生物功能或生理功能的内在工作方式，以及生物结构各组成部分之间的相互关联。如今，“机制”已成为经济学、政治学等社会科学领域的常用术语，用以表征事物或系统的内在机理、内在联系和运动规律。它将社会经济活动视为一个有机整体，把经济研究从抽象的经济关系拓展至经济机体及其机能问题的研究。理解“机制”通常从构造、功能和运行三个维度入手，这种分析框架在自然科学和社会科学中均适用。构造是指各组成部件及其组合方式，功能是指事物在规律性运动中发挥的积极作用和效能，运行则是各组成要素发挥事物功能的过程及原理。对“机制”的阐释，体现了从现象描述到本质说明的深化，与中国传统文化中“整体论”的逻辑相符。

（1）运行机制的内涵

运行机制是指有机体各组成部分的结构、功能及其相互影响、作用和制约的关系，以及这种关系在作用过程中的运行方式。简单来说，运行机制就是事物内部各部分如何协同工作，以实现特定的功能。对于农村资金互助组织而言，其运行机制涵盖了各组成部分之间的相互关系、作用机理以及运行方式。农村资金互助组织设立于农村社区，具有鲜明的农村合作金融需求主体特征，主要提供小额信贷产品。它通过集聚和配置农村资金，促进资金在供需双方之间的良性循环，进而服务农村弱势农户和小企业，完善农村金融服务体系。

（2）农村资金互助组织运行机制的构成

①组织机制。农村资金互助组织采用合作金融组织特有的复合产权制度，这种制度由数量大致均等的个人产权复合而成，成员之间形成平等合作关系（刘岩、仲晓天，2000）。产权结构与组织机制紧密相连，农村资金互助组织的产权界定方式直接决定其组织治理结构，影响组织的决策过程和管理模式。

②运营管理机制。农村资金互助组织主要开展社区性金融活动，社员

的存贷款行为都属于其金融活动范畴。该组织在追求自身可持续发展的同时，注重互惠合作带来的社会扶助效用，这是其区别于其他金融组织的重要特征。因此，评估农村资金互助组织的运营成效，不能仅依据财务数据。作为以资金运营为主的组织，其运营管理依赖于组织架构下的管理系统，通过有效的管理实现资金的合理流动和优化配置。

③风险管控机制。农村资金互助组织主要面临贷款者的信用风险和组织管理内部的操作风险。在农村地区，由社会资本形成的内在担保和声誉约束机制，成为当前各类农村资金互助组织的主要风险控制手段。正规的农村资金互助组织已被纳入我国正规金融体系，由银监会负责监管。然而，众多非正规的农村资金互助组织尚无统一的监管机构，随着规模的扩大，潜在风险不断增加。因此，国家有必要出台相关政策，对其进行分层监管，构建完善的农村合作金融风险监管机制，保障组织的稳健运行。

④利润分配机制。合理的利润分配机制是农村资金互助组织正常运行的关键保障。该组织的利润分配机制充分体现了合作制的优势，其目标并非单纯追求盈利，而是在分红的基础上进行二次返利，以此激励股东社员积极参与组织的金融活动。这种分配方式既提高了社员的积极性，又促进了组织的可持续发展。

农村资金互助组织的运行机制以资金为纽带，通过在组织内部实现金融供需的互动，达成供需双方的相互促进与协调发展。一方面，满足资金供给主体的投资需求；另一方面，满足资金需求主体的融资需求。资金的良性运转是农村资金互助组织的重要目标。组织机制、运营管理机制、风险管控机制和利润分配机制共同构成了农村资金互助组织的运行机制，各部分相互依存、相互作用，它们的统一协调运作是农村资金互助组织可持续发展的必要条件。

2.1.1.3 效率

效率（Efficiency）最早指单位时间内所完成的工作量。目前，尽管不同学科对效率的表述存在差异，但其基本含义均指向产出与投入之比。

（1）效率的经济学定义

效率是经济学领域的核心研究范畴，其学术内涵随历史不断演进。新古典经济学洛桑学派代表人物、意大利经济学家维尔弗雷多·帕累托（Vilfredo Pareto）提出帕累托效率（Pareto Efficiency），亦称帕累托最优（Pareto Optimality），该理论认为社会资源配置达到这样一种状态：任何资源配置调整都无法在使其他至少一个主体境况不变差的前提下，改善至少一个主体的福利水平。这一理论范式隐含着完全信息、零交易成本、完全竞争市场等严格假设条件。由于现实生活难以完全满足这些前提，帕累托效率本质上是一种理论理想状态，无法在现实经济运行中完全实现。即便如此，它仍为评估社会经济活动的合理性提供了重要参考标准。

萨缪尔森（Paul Samuelson）在《经济学》中将经济效率界定为“在不减少某类物品产出的情况下，无法增加其他物品的生产状态”，即经济处于生产可能性边界时的运行状态。曼昆（Gregory Mankiw）在《经济学原理》中则指出，效率体现为“社会从其稀缺资源中获得最大价值的能力”，强调在既定投入与技术约束下，实现经济资源利用的最大化。美国经济学家阿瑟·奥肯（Arthur Okun）在《平等与效率：重大抉择》中拓展了效率的维度，提出效率应包含经济效率和社会效率双重内涵，既要满足物质需求，也要实现精神层面的价值诉求。

经济学中的效率，本质上是指经济系统在特定时点或时期内，对可获取资源的有效利用能力，其核心特征在于通过优化资源配置实现社会福利最大化。当应用于组织层面时，效率指在技术水平和资源禀赋既定的约束条件下，组织行为产出与投入要素的比率关系。这种效率的实现依赖于资源配置的最优化，既反映组织运行的协调质量，也体现其达成目标的速度与有效性。

（2）本书适用的效率定义

农村资金互助组织作为专门服务被正规金融机构边缘化的中低收入农

户群体和农村小微企业的合作金融组织，具有特殊属性，其效率评价需突破传统金融机构单一的盈利导向。该组织面临双重目标约束：既要维持自身可持续经营，又需通过惠顾返还机制实现成员利益最大化。基于此，单纯以经营能力、财务状况等可持续发展指标衡量其效率存在理论局限性（李明贤、罗荷花，2013），应构建包含支农服务能力的综合评价体系，以完善我国农村合作金融机构的评估框架。

农村资金互助组织组建的目的是突破组织成员的融资瓶颈，而组织的可持续发展是实现这一目标的前提。在既定的技术与投入条件下，农村资金互助组织对有限经济资源的有效利用能力，可通过对组织系统生产过程的综合评价来体现。本研究对效率的界定包含两个维度：其一为运行效率，即农村资金互助组织在既定技术与投入条件下，通过优化资源配置实现产出与投入比值的最大化，反映组织达成运营目标的有效性；其二为支农效率，指在利益协调机制下，组织对农村经济发展和农户服务的综合贡献度，体现经济效率与社会效率的协同效应。这种双重效率标准的确立，既契合组织服务“三农”的设立初衷，也符合合作金融组织可持续发展的内在要求。

2.1.2 研究范围界定及分类

目前，我国各地合作金融组织创新形式多种多样，本书研究范围具体包括以下三类：由银监会审批的正规农村资金互助社、在农民专业合作社基础上设立的农民资金互助合作社以及以社会扶助为主要目的的草根性农民资金互助社。

（1）农村资金互助社

农村资金互助社是经银行业监督管理机构批准，由乡（镇）或行政村的农民和农村小微企业自愿入股组建的社区互助性银行业金融机构，为社员提供存款、贷款、结算等金融服务。它是我国首个获得金融许可证的正规农村资金互助组织类型，自2007年开始准入，截至2012年6月政策调整前，全国仅有49家机构通过核准并被纳入金融监管体系，由属地银监部门依据《农村资金互助社管理暂行规定》及《农村资金互助社示范章程》实施监管。

此类组织具备完备的制度框架，有一系列运营要求，包括设置固定营业场所、规范会计制度、计提呆账准备以及执行存款准备金制度等。例如，2007年获批的吉林梨树县百信农村资金互助社，凭借持有金融许可证的合法吸储资质，通过吸收村民存款、发放社员贷款，成为我国规范化农村合作金融实践的标杆。

（2）农民资金互助合作社

农民资金互助合作社是依托农民专业合作社法人主体，在农业行政主管部门推动下形成的内部信用合作组织。它通过成员内部资金调剂机制，为社员提供生产性小额融资服务，实现利益共享。植凤寅（2014）研究估算，截至2012年末，全国2万家农民专业合作社内设资金互助部门，占同期98万家合作社总量的2.04%。

这类组织具有双重属性：作为母体组织的功能延伸部门时，通常不独立注册；作为独立法人实体时，则需在工商或农业部门完成登记。其运作模式呈现显著的内外联动特征：对内整合社员闲置资金形成互助资金池，对外通过构建“合作社—农户”信用联合体，增强与正规金融机构的对接能力。这种机制既降低了金融机构的信贷风险，又提升了合作社的市场竞争力，多集中在农业产业化程度较高、产业链配套完善的区域。需要特别说明的是，本书的研究对象仅限于独立注册的法人实体类型。在国家政策的扶持和带动下，此类组织目前发展势头强劲，在农业发达地区更是呈现蓬勃发展的态势。

（3）草根性农民资金互助社

草根性农民资金互助社是基于地缘或亲缘关系自发形成的非正规资金互助组织，由特定区域范围内的农民和小微企业自愿出资设立，遵循保本微利原则开展内部资金融通。其产生有双重诱因：一方面是农村正规金融服务供给持续收缩，另一方面是民间融资市场无序发展。

该类组织具有鲜明的内生性特征，在治理结构上依赖传统社区关系网络，功能定位聚焦于破除弱势群体的融资困境。根据设立目的，可分为专营型（单纯从事资金互助）和复合型（依托专业合作拓展信用服务）两类亚型。由于缺乏统一监管框架，其注册登记涉及农业局（2018 年改为农业农村局）、民政局、金融办等多个部门，存在显著的区域差异性。当前，亟须通过立法明确监管主体并建立风险防控机制，以防止因过度逐利引发经营行为异化和社会风险。

本书将上述三类组织统称为"农村资金互助组织"。它们具有以下共性特征：第一，均以 2007 年银监会颁布的《农村资金互助社管理暂行规定》为制度参照；第二，本质上遵循合作金融的基本原则；第三，在 2012 年金融许可证审批暂停后，都在持续探索合规发展路径。尽管组织形态在正规性上存在差异，但基于服务"三农"的核心功能同质性与制度演进关联性，将它们纳入统一分析框架具有理论合理性。

2.1.3 农村资金互助组织的功能

根据国外合作金融发展经验，合作银行从最初的信用合作形态发展至今，已成为可与商业银行相匹敌的金融组织，其规模经历了巨大变迁，功能也与现代商业银行趋同。我国农村金融体系虽在制度设计上呈现政策性金融、商业性金融、合作性金融"三位一体"的架构，但农村信用合作社经多次改革后逐渐偏离合作金融本质，走向商业化道路。基于合作金融原则与合作经济本质，农村资金互助组织具备以下三方面核心功能。

2.1.3.1 经济功能

（1）基本经济功能

农村资金互助组织兼具合作经济和金融的双重属性，经济功能是其最基础且最重要的功能。它主要为农村资金互助组织成员提供存款、贷款、结算等服务，充当融资中介。然而，目前我国农村资金互助组织仅处于发展初级阶段，为社员提供的服务多限于基础功能，尚未完全实现以市场化手段优化资源配置的核心功能水平。其经济功能的实现基于社区内成员信息对称，通过聚集资源、融通资金和降低交易成本，达到成员内部互帮互助的目的。

（2）微观与宏观经济作用

从微观角度而言，农村资金互助组织能够促进组织内部成员的经济增长，保障成员利益；从宏观角度来看，它对本地经济发展有着直接或间接的促进作用，能够满足农村商业性金融和政策性金融未能满足的金融需求，为农户这一农业经济基本生产单元提供应用农业新技术所需的资金。

（3）与一般银行机构的区别

农村资金互助组织具有信用与经济功能的双重属性，这使其与其他一般银行业机构存在本质区别。一般银行业机构属于服务业，以提供金融服务为主要经营产品，作为社会信用工具以虚拟经济形式服务于实体经济，本身不直接参与实体经济的生产流通环节。而农村资金互助组织对内联结农户，对外联结市场，对内作为信用合作组织整合成员资金，对外以经济实体身份参与市场活动，将农村资金集聚，在农村金融体系中占据基础地位，具有不可替代性。

（4）货币政策传导功能

农村资金互助组织不仅能发挥“蓄水池”作用进行资金余缺调剂，还具备货币政策传导功能。然而，当前农村资金互助组织资金有限，若仅依赖社员自我积累，难以满足农村地区和农业产业经济的全面发展，因此需要借助国家政策与其他银行建立批发贷款机制来获得融资支持，进而增强其支农服务能力，扩大服务领域。

2.1.3.2 社会功能

农村资金互助组织的社会功能集中体现为社会组织功能与资源整合效

应。作为弱势群体的联合互助平台，其通过团体合作与资金联合，将个体经济力量转化为集体合力，化解单个成员难以应对的融资困境。该组织以金融服务为纽带凝聚成员，对外表现出成员资格的排他性（仅社员可享受优惠金融服务），对内则基于信用差异形成服务竞争性（不同条件成员获取融资的质量有别）。这种“资合+人合”的组织模式，通过个人利益与组织利益的协同，整合农村社会资源，增强社区凝聚力。

此外，农村资金互助组织的发展对规范民间金融市场具有双重意义：一方面为民间资本提供制度化通道，推动非正规融资向组织化转型；另一方面通过满足农户合理资金需求，压缩非正规高利贷的市场空间，促进民间金融市场的健康有序发展。

2.1.3.3 文化功能

农村资金互助组织的文化功能体现在合作金融组织通过业务实践促进现代信用文化的形成与传播。中国传统社会的信用以血缘为内核，依托乡土文化向外逐层扩散；但随着经济社会的发展和互联网交易的普及，传统信用受到前所未有的挑战。以往农村社区的小生存空间所产生的稳定社会关系，逐渐被开放性更强的市场经济瓦解，信用由以前具有紧密关系的社群信任，逐渐转向一种关系相对松散的社会信用。在经济社会转型期，市场、法律等制度性社会资本难以充分满足农村经济发展需求，合作金融组织得以利用仍具活力的农村社会资本，基于农村社会信任联结小农户和大市场，优化信用金融服务环境。其运行机制将资金共有、信誉维护、社会交往相结合，既通过社区规范降低资金风险，又通过合作实践培育农民的互助意识与现代信用观念，为农村信用体系从“亲缘信任”向“社会信用”过渡提供现实载体。

2.2 农村资金互助组织理论基础

基于农村资金互助组织的合作金融本质，本节主要以合作金融相关内容为基础，论述与农村资金互助组织密切相关的农村金融理论。

2.2.1 合作金融基础理论

合作金融与商业金融同属货币信用经营形态，但在组织目标、治理结构和盈余分配等维度具有显著差异。世界合作金融史表明，合作金融展现出较强的环境适应能力与市场竞争力。不同时期与不同国家的合作金融千差万别，即便同一国家同期体系，也会因服务对象、机构层级等呈现分层，其根源在于经济发展与市场运行固有的非均衡性——区域资源禀赋、制度供给差异导致合作金融体系呈现分层特征。

2.2.1.1 合作金融的含义

合作金融是合作经济的有机组成部分，同时也是金融体系的重要构成单元。从狭义层面来讲，合作金融起源于经济上的弱势群体，他们依据合作经济原则，组建资金互助组织，这是一种融资方式。从广义层面理解，合作金融是一种互助性、非营利性的金融机构，由个人及法人社员在自愿互利的基础上，按照国际通行的合作原则组成（何广文，2001）。

从合作金融所体现的经济关系来看，社员须认缴一定资金，作为开展融资活动的前提。在融资过程中，采用民主管理和自主经营的方式，经济活动的目的是让成员获得便捷优惠的服务和经济利益。这充分体现了合作金融是一种自愿、民主且互利的合作关系，而这种合作关系是合作金融在不同社会制度下所共有的特性。

2.2.1.2 合作金融的原则

合作金融在欧美发达国家（如德国、法国、美国）以及亚洲的日本、韩国、印度等国家和地区蓬勃发展，其背后的重要支撑便是合作金融原则。合作金融原则源于合作社原则。1995年，国际合作社联盟（International Cooperative Alliance）在代表大会上通过的《关于合作社界定的声明》，对合作社原则作出了明确规定。该原则不仅是合作社将其价值付诸实践的行动指南，也为合作社的界定确立了世界性标准。依据此原则设立的合作社，充分展现出合作制度的本质特征，成为区分合作经济与其他经济形式的关键要素。作为合作经济的重要组成部分，合作金融沿用了合作社的七项原则，并随着经济发展，发挥着越发重要的作用。

（1）自愿与开放的社员资格

自愿原则强调，合作社的建立完全基于社员的自主意愿，严禁任何形式的强制行为，同时社员也享有自由退社的权利。开放原则侧重以平等态度对待所有潜在社员，不因性别、种族、社会地位、政治立场或宗教信仰而产生歧视，充分体现对个体的尊重。不过，入社需满足“能够并愿意承担社员责任”这一前提。

（2）民主的社员控制

合作社利益主体具有高度一致性：组织主体与服务主体均为社员，此特征显著区别于一般企业。因此，管理控制主体由社员构成，全体社员共同拥有对合作社的控制权。管理组织人员通过民主选举产生，而社员需积极参与合作社的政策制定和决策过程，以此行使自身的控制权。民主的社员控制意味着社员不仅享有权利，还必须承担相应责任。被选举负责管理事务的社员，需秉持对合作社及全体社员高度负责的态度处理社务，所做决策必须符合全体社员与合作社的利益诉求。

（3）社员的经济参与

社员的经济参与可从三个维度理解。第一，在产权层面，社员需公平出资入股，以获取平等的社员资格，并且至少对集体积累资金享有按份额对应的权益。第二，从资产管理角度来看，社员掌握合作社资本的各项控制权，合作社需定期向社员公开财务状况，并接受社员大会（最高权力机关）的审议。第三，在分配环节，当合作社产生盈余时，社员有权且有义务共同决定盈余的分配方式。对于盈余分配用途，社员可根据实际情况，选择用作公积金、惠顾返还，或通过共同审议确定其他合理用途。

（4）自治与独立

合作社是由社员自主控制的自组织，兼具自治与自助属性。自治体现了合作社的独立自主地位，自助则彰显了合作互助的自力更生精神。而社员控制是合作社实现自治与独立的前提。在处理与其他组织机构的关系时，合作社必须坚守社员控制和自身自治原则，避免沦为其他组织的附属。政府为合作社提供的优惠经济政策、税收政策及法律法规保障等外部支持，能为合作社的生存与发展创造有利条件，推动合作组织健康成长。然而在这一过程中，合作社虽受政府政策影响，却始终保持独立自主，确保发展方向由社员自主决策。

（5）教育、培训与告知

对内，合作社需面向社员及社员代表开展教育活动，传授合作社知识与文化理念；针对雇员和管理人员进行技能培训，提升其沟通、管理、营销等专业能力，合作社应积极培育社员与雇员合作意识，促使其更高效地履行职责，为合作社发展贡献力量。对外，合作社有责任宣传推广合作文化与核心价值，增进普通公众对合作本质的理解，充分发挥合作优势，争取公众对合作社活动的支持，加强内外部互动，进而不断提升服务质量。

（6）合作社之间的合作

合作社通过地方性、全国性、区域性和国际性合作架构，实现资源整合与协同发展，从而更高效地服务社员，并推动合作社向更深层次发展。无论是国内合作还是跨国合作，社际间的合作都有助于增强合作社整体实力，提升市场影响力与议价能力，拓展市场空间。然而，在开展合作时，必须平衡好合作社自治与社员民主控制的关系，确保联合发展科学、合理。

（7）关注社区

合作社社员生活在同一社区，应通过开展各类活动促进社区和谐发展。由于合作社源自社员且服务社员，其与社区的紧密关联为可持续发展提供方向指引。在服务社区过程中，合作社应注重农村社区建设与居住环境保护，在加强服务的同时，提升居民生活质量，增强社区凝聚力。

在农村正规金融机构服务覆盖不足的地区，以及未能获得充分金融服务的客户群体，正是合作金融的主要服务对象。合作金融原则能够保障参与者获得相对便捷的存贷款服务，避免商业性金融机构过度逐利对农业造成的潜在冲击。

2.2.1.3 合作金融的功能

“功能”是指事物所发挥的功效与作用。合作金融作为金融体系的组成部分，具备与商业性金融、政策性金融相同的基础功能。此外，合作金融组织超过150年的发展历史，也印证了其具有不可替代的特殊功能。

（1）一般功能

默顿与博迪（1995）将金融归纳为六项核心功能：清算和支付结算功能；提供聚集资源的机制与分割企业股份的服务；转移资源的服务；风险管理功能；提供信息的功能；提供解决激励问题的方法。列文（1997）则认为金融具有五项功能，包括动员储蓄、配置资源、监督经理对公司的控制、风险管理以及推动商品和服务的交易。

白钦先（2006）将金融功能划分为四层：①基础功能：服务和中介功能，即为经济社会活动提供交易、结算等服务，以及发挥简单融通资金的中介作用。②核心功能：资源配置功能，通过金融体系运作完成储蓄动员和项目遴选，实现资源有效配置。③扩展功能：经济调节和风险规避功能。其中，经济调节是指货币、财政、汇率等政策借助金融体系传导以调节经济；风险规避则通过不同金融工具、契约或机构实现。④衍生功能：包括风险管理和宏观调控。风险管理涵盖风险交易、公司治理等，通过金融工具或交易实现风险主动管理；宏观调控则包含财富再分配、引导消费、区域协调等功能。这四层功能随着金融发展历程呈现递进关系，反映了社会经济技术发展对金融功能的阶段性需求，也体现了金融体系从萌芽、成形到复杂化的演变进程。

与其他金融组织类似，合作金融组织同样开展存款、贷款、结算及其他基本金融业务，发挥信用中介、信用创造和支付中介功能，具备基础、核心、扩展和衍生功能。需强调的是，合作金融的功能与其组织发展阶段紧密相关，并非天然具备全面功能。在发展初期，存取款、贷款和结算等基础功能对组织成员最为关键；而在发展中后期则需兼顾对外经营与对内服务，既要通过合理盈余维持可持续运营，又要坚守“对社员非营利”本质。

（2）特殊功能

商业性金融机构以利润最大化为经营目标，政策性金融机构从宏观层面配合政府特定经济政策开展融资活动。与之不同的是，合作金融组织的设立与经营不以营利为目的，这决定了其独特的核心功能——保障社员利益最大化。合作金融组织由被商业金融机构忽视或拒绝的客户自发组建，旨在通过团队合作实现互利共赢。组织以优惠、便捷的条件为成员提供服务，充分体现互帮、互助、互惠的原则。不以利润最大化为导向，优先满足社员金融需求，成为合作金融组织区别于其他金融机构的显著特征。

2.2.1.4　合作金融的比较优势

（1）交易成本优势

合作金融组织通常在特定区域内开展业务，具有显著的地域性特征，其服务对象相对固定。因经营者与资金需求者信息对称，合作金融组织可同步降低信息搜索、谈判与监督成本。此外，合作金融组织通常结构简单、管理层级较少、融资手续简便且中间环节精简，由此有效降低了经营管理成本，实现交易的高效执行。

（2）抗风险能力优势

回顾国外合作金融的发展历程，在历次金融危机中，合作金融机构极少出现严重问题。这一现象充分表明，合作金融具备区别于商业金融的独特抗风险能力，其根源在于特殊的经营理念与机制。合作金融的本质是合作性，与商业金融追求利润最大化不同，它以满足组织成员融资需求为首要目标，而非利润最大化。收益与风险相伴而生，高收益往往伴随高风险，低风险则对应低收益。合作金融组织虽收益相对较低，但风险更小，经营更为稳健，抗风险能力更强，组织机构稳定性更高。

（3）兼顾效率与公平的优势

从组织成员视角看，合作金融组织成员在资金方面具有共同的利益诉求，因而积极参与组织事务。合作金融组织秉持“民办、民管、民受益”原则，以最小投入满足社员差异化融资需求。从合作金融组织自身来看，由于其具有较强的地域性，有效避免了因所有者与经营者激励不相容而引发的代理问题，从而实现效率与公平兼顾。

2.2.2 金融抑制与金融深化理论

1973年，美国经济学家麦金农（McKinnon，1973）和肖（Shaw，1973）分别从金融抑制和金融深化角度，深入研究了金融与经济发展的辩证关系，出版了《经济发展中的货币与资本》《经济发展中的金融深化》两部重要著作。麦金农通过分析发展中国家货币金融的特殊性发现，这些国家的贫困不仅源于资本匮乏，更关键的是政府对金融市场的行政干预与管制，如人为控制利率、操纵银行信贷等。由于通货膨胀普遍存在，实际利率被压低至过低水平。这种金融市场的扭曲，不仅降低了资本配置效率、损害储蓄者利益，还削弱了金融体系聚集资金的能力，抑制了金融体系正常发展。而滞后的金融体系又反过来阻碍经济增长，导致金融与经济陷入相互制约的恶性循环。发展中国家政府干预金融市场的常见手段包括限制利率、提高准备金率、限制外援性融资等，这些措施引发了资本市场效率降低、银行体系难以适应经济增长需求、经济分化加剧及增速放缓等一系列不良后果。

金融抑制理论为解释我国非正规融资的产生提供了体制性视角：正规金融供给不足迫使经济主体转向非正规渠道；同时，该理论也揭示了“广义货币供应量持续增长却仍出现结构性无钱可贷现象。其连接表现是金融体系（如商业银行）资金错配，本质上则反映出金融改革滞后以及政府投资拉动经济模式（即金融抑制）的影响。金融改革滞后导致金融抑制广泛存在，进而造成货币产出效率低下。金融抑制理论不仅成为解释发展中国家金融发展与经济增长关系的重要理论，也从侧面反映出一国金融体系的不健全性。针对如何打破金融抑制对经济增长的阻碍，肖主张通过推进金融深化，摆脱其对经济的束缚。

肖提出的金融深化，实质是政府在有效的宏观管理下推进的金融自由化，其核心之一是放松利率管制，使其能够真实反映储蓄的稀缺性，进而刺激储蓄。具体而言，国家应放松对金融体系的管制，尤其是解除对利率的严格控制，让市场自动调节利率以反映供求状况，并有效控制通货膨胀。当市场融资需求旺盛而供给不足时，实际利率会上升，吸引更多资金进入融资市场；而过高的利率又会使部分投资者望而却步，促使供求逐渐平衡。在此过程中，高利率发挥着双重功能：其一，提升资金配置效率。融资成本是投资者重要的成本考量因素，投资者需权衡投资成本与预期收益。高利率意味着高融资成本，只有具备高预期收益的投资项目才会吸引投资者借贷，这使得资金自动流向高收益领域，提高资本投入产出比，优化资金配置。其二，增强储蓄意愿。高利率促使居民增加储蓄，为金融机构提供更多可贷资金，进而为投资者提供充足资金支持，最终实现刺激经济增长、抑制通货膨胀的目标。

发展中国家非正规金融的产生，是对金融抑制的理性回应，也形成了金融市场正规金融与非正规金融“双轨并行”的二元特征。金融抑制理论虽然揭示了非正规金融产生的体制性根源，指出政府过度干预是其产生和发展的重要外部因素，但尚未深入剖析非正规金融形成的内生逻辑。而应对金融抑制的有效途径是推进金融深化，以此刺激金融发展，进而推动经济增长。金融深化表现为：当经济发展对金融服务提出更高要求时，金融制度、业务和组织不断创新拓展，挖掘市场资金潜力，扩大金融资产规模，推动金融分工专业化与复杂化，经济活动对金融的依赖程度不断加深，金融交易形式日益多样化。

自我国改革开放以来，农村金融组织体系和管理体制虽不断完善，但农村经济发展中金融抑制特征依然显著。农村资金互助组织正是在这一背景下，作为金融深化与创新的产物应运而生。作为合作性金融组织，其针对社员开展的存贷活动本质上是农村资本形成与重组过程，组织效率及相关机制直接映射出农村地区金融深化水平。经济活动中的信息不对称是推动金融深化的原因之一，而降低交易成本、提升资金配置效率则是金融深化的核心动力。

2.2.3 信息不对称和交易费用理论

2.2.3.1 信息不对称理论

信息不对称理论是指在市场交易过程中，交易双方的信息呈现不均匀分布状态，其中一方掌握的信息多于另一方。信息占优势的一方往往会采取利己行为，而信息匮乏的一方则处于不利地位。该理论由乔治·阿克洛夫（G. Akerlof）、迈克尔·斯彭斯（M. Spence）和约瑟夫·斯蒂格利茨（J. E. Stiglitz）提出。三位学者分别在商品交易、劳动力和金融市场领域展开研究，发现市场参与者因信息获取渠道和数量的差异，所承担的风险与收益也存在不同。

阿克洛夫于 1970 年发表《柠檬市场》，以二手车市场为例构建了柠檬市场模型，解释了因交易双方信息失衡导致劣质品驱逐优质品的现象，进而引发市场交易产品平均品质下降和市场运行失效，以此阐明信息的价值性。与传统经济学理论假设市场交易双方拥有完全信息不同，阿克洛夫提出交易双方信息不均衡的观点，指出市场开放并不能解决所有问题。

斯彭斯以劳动力市场为研究对象，发现用人单位与应聘者之间存在信息不对称问题——用人单位难以准确判断应聘者的真实能力。为此，他提出“信号传递成本”概念，将学历作为能力的信号传递工具。他认为，学历传递出的信号表明，获取难度越高的学历越具可信度，因此名校毕业文凭比普通学校更具说服力。

斯蒂格利茨的研究领域涵盖宏观经济学、货币经济学和发展经济学等。他运用信息经济学分析，指出新古典经济理论中关于信息的假设存在严重缺陷（刘向荣，2002）。此外，斯蒂格利茨首次提出信息甄别模型，并将信息不对称理论应用于保险市场实践。

由于保险公司与被保险人之间存在信息不对称，难以判断被保险人购买车险后遇险是意外还是故意行为。这种信息不对称导致保险公司面临高赔付率。针对这一问题，斯蒂格利茨提出理论模型：保险公司通过提供不同类型的合同，甄别不同风险程度的投保人，让投保人自主选择高免赔额加低保险费或低免赔额加高保险费的方案，从而解决保险市场中的道德风险问题。

在信息经济学中，由信息不对称引发的两类主要问题主要包括事前的逆向选择与事后的道德风险。

（1）逆向选择

逆向选择是指在交易发生前，由于信息分布不均衡，拥有信息优势的一方会利用这种优势，在交易中作出对自己有利但对另一方不利的选择，进而导致市场效率和经济效率降低（兰秀文，2011）。

（2）道德风险

道德风险是指在信息不对称条件下，由于合同的不确定性或不完全性，负有责任的经济行为主体无须承担其行动的全部后果，从而在追求自身效用最大化时，作出不利于他人的行为。该概念最初应用于保险交易领域，表现为投保人因可推卸责任而作出损害保险公司利益的不慎、不当或故意行为。在契约签订后的履约过程中，交易主体若不完全按照约定条款行事而损害对方利益，或在条款未明确规定的情况下仅从自身利益出发行事，均属于道德风险范畴。

逆向选择源于事前的信息不对称，而道德风险则产生于事后的信息不对称。

2.2.3.2 交易费用理论

交易费用的思想由新制度经济学的奠基人、芝加哥经济学派代表人物罗纳德·科斯（R. H. Coase）于1937年在经典论文《论企业的性质》中首次提出。科斯认为，企业是人类追求经济效率而形成的组织，其通过行政命令和权威配置资源，在将市场交易内部化的过程中节省了交易费用。交易费用泛指为促成交易发生而产生的全部成本，由于不同交易涉及的费用种类各异，因此难以进行明确界定和完整列举。这一思想提出后，在国际学术界引发广泛关注，并于20世纪60年代后得到进一步拓展。

肯尼斯·阿罗（K. J. Arrow）于1969年正式提出并首次使用“交易费用”术语，他将交易费用定义为“经济制度的运行费用”，包括制度的制定、实施、维护和变革成本，并将交易费用的产生归因于市场机制的不完善。

奥利弗·威廉姆森（O. Williamson）是交易费用理论的重要推动者。他分别于1975年和1985年出版《市场与层级制：分析反托拉斯含义》《资本主义经济制度》，从契约角度分析交易费用。威廉姆森（1975）将交易费用理论的基本思想融入企业组织问题研究，其最大贡献在于细化了交易费用的交易特性，并将交易特性与治理结构相联系，成功解释了交易为何选择在市场或企业中完成。此外，他从契约角度系统将交易费用划分为事前交易费用和事后交易费用：事前交易费用与交易各方产权结构的透明度相关，包括协议起草、谈判和保障执行的费用；事后交易费用则涵盖协议方违约的成本、价格调整的谈判成本、纠纷解决费用以及建立信任的约束费用。

张五常（1982）提出，交易费用的本质是制度成本，包括信息传导、产权明晰等成本，即并非直接发生于物质生产环节的成本。这一概念拓展了交易费用的内涵和外延，通常被称为广义的交易费用。

道格拉斯·诺斯（D. North）在1990年出版的《制度、制度变迁与经济绩效》中，将交易费用理论用于解释西方经济史上的制度变迁。他严格区分了制度和组织，将组织视为推动制度变迁的主要力量，认为制度与组织的交互作用决定了制度变迁的方向。诺斯的制度理论建立在人类行为理论与交易费用理论相结合的基础上，并提出“交易费用是制度理论的基础”的论断（彭德琳，2002）。

在众多经济学家的共同努力下，交易费用理论从企业组织、企业制度领域扩展应用到西方经济制度变迁研究，并发展成为独立的交易费用经济学，成为新制度经济学的重要组成部分。该理论对农村资金互助组织具有适用性：在范围有限的农村社区，信息获取和识别相对容易，信息成本几乎可以忽略不计；中国农村社区基于地缘—血缘的社会网络也使得人际关系成本显著降低。因此，相较于外生的正规金融组织，农村资金互助组织在信息获取、识别及社会交换关系中产生的费用更低，具有明显的成本优势。

2.2.4 社会资本理论

社会资本作为一个跨学科概念，于20世纪70年代后被提出并迅速应用于社会学、经济学、政治学等多学科领域。学术界普遍认为，皮埃尔·布迪厄（P. Bourdieu，1986）是社会学领域研究社会资本的先驱，詹姆斯·科尔曼（J. Coleman，1988）对社会资本进行了系统性分析，林南（Lin N.）通过社会网研究提出社会资源理论，罗伯特·帕特南（R. D. Putnam，1993）则从政治学视角展开探讨。社会资本概念由于研究视角差异而呈现多元界定，埃莉诺·奥斯特罗姆（E. Ostrom，2000）将其归纳为三类：狭义、嵌入程度较高及扩展的社会资本观，分别对应布迪厄、科尔曼和帕特南的研究层次。

（1）狭义的社会资本观

奥斯特罗姆所定义的狭义社会资本观，即微观层面的社会资本概念，指通过个人联系或关系网络，实现金融资本与人力资本效用的最大化。在社会网络分析中，“个人联系”最早被用作社会资本的表征，通常指个体获取的有利人际关系网络，如同事、朋友、邻里关系等。当将视角从个体扩展至群体时，群体所拥有的社会资本可视为个体社会资本的总和。

（2）嵌入程度较高的社会资本观

科尔曼（1988）在《美国社会学杂志》发表的《社会资本在人力资本创造中的作用》中涉及狭义社会资本概念，但在《社会理论的基础》一书中，他强调社会资本的公共产品属性，为该概念从中观层面的拓展奠定了理论基础。奥斯特罗姆同样关注到社会资本对集体行动的促进作用，这一视角下的中观社会资本理论，对集体行动研究和公共政策制定具有重要意义。

（3）扩展的社会资本观

扩展的社会资本观属于宏观层面的概念，强调社会资本与社会公共政策的关联。帕特南在科尔曼研究的基础上，将个人社会资本理论延伸至政治学领域。在1993年出版的《使民主运转起来：现代意大利的公民传统》中，他将社会资本理念引入民主治理研究，从自愿群体参与程度的角度展开分析。通过对意大利南部长达20年的实证研究及美国社会资本的考察，帕特南提出社会信任、互惠规范、社会网络和社区集体行为构成社会资本的核心要素，并重新定义：社会资本是社会组织通过信任、规范与网络集体行动的属性。

1995年，日裔美国学者弗朗西斯·福山（F. Fukuyama）通过系列论文探讨社会资本对经济发展、社会稳定及社会信任的影响。在《信任：社会道德与繁荣的创造》一书中，他将社会成员间的信任界定为社会资本，并指出高信任度社会中，个体自发交往活跃，经济交易成本较低，社会资本可有效弥补政治制度缺陷，推动社会经济繁荣。此外，福山进一步提出，文化传统影响社会资本存量，政府可塑造其增量。

尽管不同学者基于各自领域和视角对社会资本给出多元定义，但至今学术界尚未达成共识，有关社会资本的来源、构成、特征及测度等基础问题仍存在争议。不过，已有研究普遍认可：社会结构中的社会网络、社会规范及社区信任，对农村经济组织乃至区域和国家的经济发展与社会和谐具有重要的推动作用。

3

农村资金互助组织发展历程及现状

3.1 农村资金互助组织发展历程

2004 年 7 月，吉林梨树县闫家村百信农村资金互助社挂牌成立，标志着我国首批农村资金互助组织的诞生。截至 2024 年，其发展历经 20 年，可划分为三个阶段。

3.1.1 探索阶段（2004—2006 年）

2002—2004 年，国家连续 3 年出台政策引导新型农村金融组织建设。2004 年的中央一号文件“兴办直接为‘三农’服务的多种所有制的金融组织”。[①] 2005 年，国务院要求“探索发展新的农村合作金融组织”。[②] 2006 年《中华人民共和国农民专业合作社法》及银监会《关于调整放宽农村地区银行业金融机构准入政策更好支持社会主义新农村建设的若干意见》进一步降低农村金融机构准入门槛，实行“低门槛、宽准入、严监管”政策，具体包括鼓励新设村镇银行、贷款公司和新型农村资金互助社，旨在拓展银行业功能，推动农村地区构建多元覆盖、治理灵活、服务高效的银行业金融服务体系，从而加强和改进农村金融服务，支持新农村

---

① 中共中央 国务院：《中共中央、国务院关于促进农民增加收入若干政策的意见》（2004 年第 9 号），https：//www. gov. cn/gongbao/content/2004/content_63144. htm，2004 年 3 月 30 日。

② 中共中央 国务院：《国务院关于 2005 年深化经济体制改革的意见》（2005 年第 15 号），https：//www. gov. cn/gongbao/content/2005/content_63235. htm，2005 年 5 月 30 日。

建设①。

在这一探索阶段，全国各地纷纷开展农民合作和资金互助组织的实践探索。在政策鼓励下，各种名称不同、功能相近的农村资金互助组织大量涌现，但多数未获正式身份。

3.1.2 培育阶段（2007—2012年）

2007年银监会颁布《农村资金互助社管理暂行规定》并颁发首批两张金融许可证。截至2012年，仅49家机构获批持牌，同期全国约有3万家未持牌组织在运行。2012年江苏灌南县4家资金互助社因违规吸储、伪造账目被查处，引发多起兑付危机，银监会随后暂缓牌照审批。

3.1.3 发展阶段（2013—2024年）

2013—2021年，中央一号文件持续提出“稳妥开展农民合作社内部信用合作试点”，并写入2017年修订的《中华人民共和国农民专业合作社法》。江苏省率先清理整顿违规组织，重点打击涉嫌非法集资、内部管理缺失的三类主体。

2019年后，持牌资金互助社进入退出潮：2015—2022年，全国共有13家持牌机构注销，其中包括首家百信互助社（2022年注销公告）。未持牌类组织亦大量离场，爱企查2023-12-31检索显示现存“农村/农民资金互助”主体约4500家，较峰值缩减近半。

退出主因：①部分组织突破内部互助边界，涉嫌非法集资；②普惠金融政策与金融科技下沉，替代效应显现；③市场利率下行压缩盈利空间。综上，农村资金互助组织自2019年起进入“存量清理、规范试点”的沉寂阶段。

---

① 中国银行业监督管理委员会：《关于调整放宽农村地区银行业金融机构准入政策更好支持社会主义新农村建设的若干意见》（银监发〔2006〕90号），https：//www.gov.cn/zhengce/2016-05/24/content_5076293.htm，2006年12月20日。

3.2 农村资金互助组织现状

3.2.1 组织数量

（1）正规农村资金互助组织

根据国家金融监督管理总局许可证信息查证，截至2024年10月31日，取得金融许可证并运营的农村资金互助社有26家，与高峰时的49家相比，减少了23家。

（2）非正规农村资金互助组织

依据“爱企查”2024年6月30日平台搜索结果，以“农村资金互助组织”“农民资金互助”为关键词，剔除已注销—吊销及经营范围不含资金互助的主体后，无牌农村资金互助组织共1704家，其中，在业396家；其申报成立日期从2007年5月到2021年7月。

3.2.2 地理分布

（1）正规农村资金互助组织

获得金融许可证的农村资金互助组织中，山西省数量最多（有5家），浙江省和黑龙江省各有4家，吉林有3家，甘肃有2家，安徽、广西等其他省份各有1家。

（2）非正规农村资金互助组织

未取得金融许可证的农村资金互助组织中，江苏和甘肃数量最多（分别有186家和165家），河南有22家，贵州有19家，四川有7家，山西和浙江各有5家，非正规组织分布不均衡，在全国普及性不广泛。

3.2.3 资本规模

正规农村资金互助组织要求乡（镇）级注册资本不低于30万元、行政村级不低于10万元。非正规组织注册资本跨度大，从0.03万到880万元，且注册时企业类型和所属行业中部分提及金融行业，多数在经营范围提及成员间资金互助，体现出注册、审核及经营过程的不规范性。

3.3 农村资金互助组织成效

3.3.1 经济成效

（1）调节资金余缺

早期对农村资金互助组织的研究中，已有研究均强调其资金调节功能。这类组织为组织成员提供了安全、便捷和可靠的融资新路径，通过申请资金的发放，能够从一定程度上缓解组织成员在生产经营活动和生活中的资金紧张矛盾。一方面，有效提升农户金融资源可得性，使普通组织成员公平地获得金融服务。另一方面，资金的流动在农村市场中缓解农户生产资料短缺的矛盾，能够充分发挥资金在农村生产过程中的调节作用，使社会资源得到更为充分有效的利用。

（2）助力农户增收

无论是通过哪种类型的农村资金互助组织获取的资金帮助，这种小额而分散的资金融通在农业经济的运行中都为组织成员的生产活动注入了活力。农户在种植养殖、加工运输和农家乐等传统与新兴产业项目中获得融资，更好地把握发展机遇，对农户收入产生较为显著的正向影响（张笑寒和陈毓雯，2020）。

（3）提高生产组织化程度

虽然农村资金互助组织没有统一的发展模式，社会层面也有乱象出现，但不可否认该类组织为组织成员提供服务的同时，也伴随原组织或依托组织共同成长，提高了农业生产经营的组织化程度。正是这种农村金融的“金融毛细血管体系”解决了组织成员融资难、融资贵问题，也在服务农村产业发展中发挥了积极作用。但鉴于国家对正规农村资金互助社缓批，而其他几类农村资金互助组织还在摸索发展中，加之新型农村金融机构中的村镇银行和小额贷款公司的迅猛发展，截至2023年底，全国已有10家持牌农村资金互助社经历了暂停业，最终被兼并重组或退出。与此同时，《中华人民共和国农民专业合作社法》（2017年修订）第46条为合作社内部信用合作提供了新的法律空间，成为资金合作的制度载体①。

3.3.2 社会成效

（1）丰富农村金融组织

农村资金互助组织是农村地区正规金融的有效补充，作为一种资金组织载体进一步完善农村金融体系，利用具有边界性和排他性的组织内部融资服务，填补农村信用空缺。该组织提供的资金一般具有分散和小额的特点，并且仅面向组织成员，覆盖范围明确、边界清晰。2006年农村金融新政策实施以来，农村资金互助组织从无到有，数量缓慢增多、规模不断扩大、发展模式多样化，信息、效率、成本优势明显。守信组织成员得到更多的融资便利，借款优先、额度放宽、手续简化、充分利用费率杠杆对守信农户进行优惠支持。这种组织确实是对农村金融组织的扩充和有效利用，延伸了金融服务在农村地区的覆盖范围。

（2）提升乡村社会认同感

现代经济社会的现代化和市场化打破了中国乡村传统中血缘、亲缘的联结，人口流动和城镇化破坏了以往人们对乡村邻里的熟悉感。农村资金互助组织帮助普通成员破除融资困境，其特殊性在于，它在有限的范围内从事资金活动，并在一定程度上扮演着风险共担与互助救济角色。从金融的角度分析，这种行为偏离传统金融逐利逻辑，但从组织成员的角度看，它是一种参与感和归属感的表现。中国乡村社会正处于从传统社区向现代社区的转型期，需要将人们在市场经济体系中被侵蚀的乡土伦理和价值规

① 全国人民代表大会：《中华人民共和国农民专业合作社法》，https：//www.gov.cn/xinwen/2017-12/28/content_5251064.htm，2017年12月28日。

范用新的精神纽带进行联结，这就需要在新的生产方式下重新建立和提升乡村社会认同感。

3.3.3 文化成效

增强农村社区信任文化。中国农村社会中依赖血缘、亲缘、地缘的文化传承模式，在经济社会发展中遇到前所未有的新局面，打破了中国农村人情型社会中以社会结构的实体为依托的传统。在开放性更强的市场经济环境下，农村社区的传统信用面临挑战。这需要根植于农村的资金合作组织充分利用农村社会资本，以社会信任为基础，推动传统信用向现代社会信用转型，实现从道德理念到价值资本的转化。虽然社会经济发展要求传统农村社会要逐渐摆脱“人情”的负累，以适应进入商业社会关系，但传统农村社会中社会资本是否必然被瓦解？农村社会居民不能够被量化的“人情”必须在商业契约的要求下被剥离吗？作为金融组织末端的农村资金互助组织能够有效利用农村社区中的社会资本，在社群信任的支撑和相应法律的保护共同作用下完成契约，使资金得到更有效配置，使成员生产生活水平得到提升，在经济活动中建设农村信用体系，将金融服务根植于农村社区。

3.4 农村资金互助组织问题剖析

3.4.1 内部治理

3.4.1.1 内部治理结构缺乏能动性

《农村资金互助社管理暂行规定》对农村资金互助组织的治理结构要求设立社员大会、理事（经理）和监事，这种体系类似于公司法人的三权制衡，通过社员大会执行“一人一票”的表决权，这种公众决策方式公平有余而科学性不足，不能很好地维护少数群体的正当利益，有可能导致组织内部产生矛盾进而影响集体和每个成员的发展。“一人一票”听起来公平，但是每个人在集体中拥有的利益大小不同，如果投票人只注重短期利益看不到长远发展，“一人一票”很容易发生决策结果违背集体整体利益和损害利益比例较高成员的利益，这也是不合理的。

可考虑突破传统“一人一票”制，来进行选举，根据成员对农村资金互助组织的贡献度（如资金互助额、服务参与度）、资产份额、学历水平、专业程度等维度设置差异化投票权，使决策结果更精准地反映集体利益，同时保障成员合法利益。此外，建议将否决票纳入治理结构，赋予监事会特别否决权：针对重大关联交易、大额投资等特殊事项，须经监事会审议，且监事会可行使一票否决权。

3.4.1.2 经营管理中融资渠道受限

内部融资渠道过于狭窄。农村资金互助组织中存在融资需求的成员多为农业中小企业、种植/养殖业专业户、农户等。该类资金需求者的最大特征是所从事和经营的农业生产不确定性较高、风险较大，而其自身信用程度较低。传统的金融机构对该类资金需求者的准入门槛较高，使其难以获得融资支持。农村资金互助组织资金主要依靠股东的初始入股资金与存款，但政策上规定单个农户或农村小微企业的最高持股比例不得超过该股金总额的10%，因此严格限制了内部融资渠道。

农村资金互助组织虽为独立法人，但因个体规模小，缺乏国家层面的信用背书，社会认同度不高，缺乏具有操作性的政策支持，很难获得外部融资支持。具体来看，从当地银行业金融机构获取的批发贷款规模普遍较小，支持力度有限。尽管政策允许接受社会捐赠资金，但实践中社会捐赠多为偶发且额度较小。而组织成员的贷款需求规模远大于资金供给，面对旺盛的贷款需求时，资金缺口问题凸显。

融资渠道受限导致该组织流动性风险更为突出。尽管目前农村资金互助组织按照中国人民银行和银监会要求暂不缴纳存款准备金，但受困于内外部融资渠道匮乏和贷款资金需求具有较强的季节性特征，在农耕时节贷款需求量猛增，而丰收季节资金富余较多，相较于其他金融机构资金流动性风险更大。

3.4.1.3 风险防控能力受限于业务范围

根据2007年银监会下发的《农村资金互助社管理暂行规定》，农村资金互助组织的业务范围仅包含为社员办理存贷款、结算以及买卖国债、金融债券业务，其他业务需要经过属地银行业监督管理机构及其他有关部门的批准。在农村资金互助组织的实际运营中，受制于制度，其服务能力与范围不能得到充分发展，不能发挥金融杠杆功能。

为规避农村资金互助组织作为“小微”新型银行金融机构产生风险或风险扩大化，《农村资金互助社管理暂行规定》出于审慎原则，规定不得向非社员办理存贷款业务，不得以该社资产为其他单位或个人提供担保，但该条规定限制了农村资金互助组织的业务发展能力。农村资金互助组织设立的初衷是向组织内部社员进行小额信贷，但现实状况是业务范畴和贷款金额并不能够完全满足乡村振兴战略背景下农户季节性的农业扩大化生产需求，成员的金融获得感与幸福感仍有较大提升空间。

3.4.1.4 专业型人才较为匮乏

农村资金互助组织是具有较强专业性的合作金融机构，其健康发展依赖于具有一定金融业务工作经验和金融企业核算的专业性人才。《农村资金互助社管理暂行规定》对农村资金互助社理事长和经理，要求具备高中或中专及以上文化水平，并通过相应的银行从业资格考试。但现实情况是，文化程度高的农民很少选择留在农村工作，他们更愿意选择经济较为发达的城市或乡镇金融机构从事相关工作。因此，满足学历水平和从业资格的专业性管理人员极度稀缺，熟悉本地情况的财会人才也很缺乏，这在很大程度上影响了该类组织的发展。

3.4.2 外部约束

3.4.2.1 历史文化及时代发展问题

历史文化的影响。发源于黄河、长江流域的农耕文化孕育出了大一统中央集权制卓越组织资源，哺育了中华民族，也孕育了历史背景下自上而下的管理意识，但这与合作金融组织自下而上的管理要求相悖。因此，农村资金互助组织与国外合作金融组织发展的路径完全不同，不能自下而上逐级入股和自上而下地融通资金。

时代发展的要求。在国家推进城镇化和工业化发展的背景下，人口与经济活动重心向城市转移，乡村产业发展受限。农村人口流失量大，青壮年劳动力严重缺乏，农业生产主要由留守妇女和老年人承担，导致农村资金互助组织成员的年龄偏大。受农业生产的脆弱性，叠加文化水平、认知能力、身体素质等因素影响，组织成员的劳动能力和还款能力欠佳。

3.4.2.2 法理地位不明确

农村资金互助组织是社区互助性银行业金融机构，属于合作金融范畴，但缺乏如《农村合作金融法》或《农村资金互助社法》基本法律支撑等，目前仅能依据《农村资金互助社管理暂行规定》进行管理与规范，但由于其仅为部门规章，内容简略且只是原则性规定，缺少相关配套法规、规章，法理地位不明晰。《中华人民共和国商业银行法》《中华人民共和国保险法》等金融法律制度更适用于城市环境中的商业金融模式，侧重金融安全和金融效益价值。与之相比，农村资金互助组织的规模微小、业务运营单一、管理制度与风险控制等简单，与正规金融机构有很大区别，不能将其监管逻辑进行简单的复刻与移植。

1982 年颁布的《中华人民共和国宪法》和 1986 年颁布的《中华人民共和国民法通则》的相关规定确定了农村集体经济组织经营、管理集体财产的职责，2007 年颁布的《中华人民共和国物权法》和 2020 年颁布的

《中华人民共和国民法典》沿用了这些规定，适用于农民专业合作社等集体经济组织。2022 年 12 月 30 日《中华人民共和国农村集体经济组织法（草案）》公开征求意见，但合作社内部的信用合作组织法律依据仍然缺位。

3.4.2.3　制度支撑体系不完善

第一，农村资金互助组织外部融资的制度支持缺失。农村资金互助组织作为小微金融组织，需要合理配置资产负债期限结构，但农业生产风险具有季节性和集中性特点，如何通过缓解融资约束来降低农户存贷款期限错配成为农村资金互助组织的最大问题。解决农村资金互助组织外部融资问题，需要国家顶层设计制度性金融的介入与支持，不能任其持续受困，否则其发挥的功能与作用将极为有限。

第二，农村资金互助组织未来发展的制度性保障缺失。自 2006 年起，历年中央一号文件对农村资金互助组织都有相关的政策指引，鼓励支持该类组织的设立，将其纳入地方金融监管范围，但我国至今尚未建立专门的农村合作金融法律制度，农村信用合作社、村镇银行、农村商业银行所实行的金融监管制度与小微农村资金互助组织的经营不适应，难以直接参照使用。中国银监会 2010 年下发《关于加快发展新型农村金融机构有关事宜的通知》[①] 和 2015 年公布的《农村中小金融机构行政许可事项实施办法》等农村金融规范性文件具有指导性意义，但缺乏针对农村资金互助组织可实际操作的运行措施及配套制度。各地方政府出台的地方性政策缺乏系统性指引，各地管理规范差异较大，很难为农村资金互助组织的发展提供系统完整的制度性保障。

第三，金融支农服务体系尚待健全与完善。乡村振兴战略与城镇化建设的实施过程，需要统筹协调，将新型城镇化战略和乡村振兴战略协调推进。只有城乡实现有机互动协调发展，才能激发乡村振兴的发展潜力与内

---

① 中国银行业监督管理委员会：《关于加快发展新型农村金融组织有关事宜的通知》（银监发〔2010〕27 号），https：//www. docsj. com/doc/8d8721415. html，2010 年 4 月 20 日。

生动力。在推进乡村振兴的过程中，引导更多金融资源配置到乡村振兴重点领域，为全面推进乡村振兴提供强有力的金融支撑。目前由于农村信用体系不完善、信用数据缺乏、抵押担保措施不够等问题，农村金融服务有效供给不足，农户融资成本高、农村金融服务质量不高。需要健全农村金融服务体系，逐步优化涉农金融供给体制机制，引导更多金融机构服务乡村。

3.5 本章小结

我国农村资金互助组织的发展经历了探索、培育和发展三个阶段。目前取得金融许可证的正规组织仅留存26个，而经市场筛选的非正规组织数量远超正规组织，且全国区域分布不均。据统计，江苏和甘肃等地成为主要集中区域。该类组织的成效主要体现在三个方面：经济上的资金调剂、社会上的认同感与社区信任文化增强。当前，农村资金互助组织发展的共性问题包括：内部治理中融资渠道单一、风险防范机制薄弱、专业人才匮乏等短板；环境中的法理地位不明确、制度支撑体系不完善等约束。

4

国外农村合作金融发展实践经验与借鉴

4.1 国外农村合作金融发展实践经验

世界农村合作金融组织的发展历史可追溯至19世纪中叶，至今已超过170年。其体系构建主要融合了1864年德国雷发巽（Friedrich Wilhelm Raiffeisen）创立的农村信用合作原理，以及1844年英国罗虚代尔公平先锋社（Rochdale Society of Equitable Pioneers）确立的合作制原则。经过长期的实践与发展，该领域已形成较为完善的制度体系与运作模式，其发展经验对我国农村合作金融的进一步完善具有重要借鉴意义。目前，国际上农村合作金融主要存在四种模式：以德国合作银行系统为代表的“单元金字塔”模式，以美国为代表的多元复合模式，法国农业互助信贷银行采用的半官半民“两节鞭”模式，以及以日本为典型代表的“二三三”模式。

4.1.1 德国农村合作金融发展实践经验

德国是世界上最早建立农村信用合作制度的国家，其农村合作金融历经岁月沉淀，依然焕发蓬勃生机。如今，德国农村合作银行已构建起完整合理的金融体系，展现出较高的合作水平。

（1）组织结构

德国合作银行呈金字塔式结构，遵循自下而上逐级入股、自上而下提供服务的运行机制。最底层由众多基层信用合作社和基层合作银行组成，这些基层组织由德国农民自发组建，主要为社员提供金融服务，助力社员获取农业生产所需资金。中间层是地区信用合作联社和地区合作银行，由地方性合作银行入股形成，主要为基层信用合作社与合作银行等客户提供金融服务，负责缴存下一级合作银行的存款准备金，并开展资金融通业务。顶层是德意志中央合作银行，主要服务地区和地方合作银行，提供银行产品，调节资金融通，进行资金结算与支付等金融服务。值得注意的是，德国的三级合作银行均为独立法人经济实体，彼此不存在隶属关系，自下而上的入股机制充分体现了上层机构为下层机构服务的原则。各层级机构均设立健全的民主管理组织与严格的管理制度，并依托联邦中央银行和行业审计的监管体制与保护系统，构建起信用合作与其他合作社相互融合的行业自律体系。

（2）政策环境

德国合作社银行具有半官方属性，其法律框架未对国家投资比例设定强制性上限。合作社银行在保持与政府联系的同时，拥有较强的独立性。德国政府长期通过立法和政策扶持，保障合作社的合法权益。德国在《经营及经济合作社法》中确立“促进合作”“合作自助”原则，将推进合作事业列为优先发展目标。此外，政府积极鼓励金融机构为农村提供信贷服务，对农村信贷实施利息补贴，补贴范围覆盖农牧业生产、生态农业、环境保护等多个领域，政策优惠力度大，吸引众多银行参与农村信贷活动。

（3）法律基础

1898 年，德国以法律形式认定农村信用合作社的合法地位，《经营及经济合作社法》为其提供了基本法律保障。1976 年，德国颁布《德意志合作银行法》，至此，德国建立起成熟、完备的法律法规体系，为农村合作金融发展筑牢法律根基。

（4）风险防范

德国高度重视金融安全，联邦中央银行与合作银行体系协同创新多种融资方式，增强资金流动的安全性与金融体系的抗风险能力。合作银行受存款保险系统保障，有效防范支付风险；健全的资金融通和清算系统，确保资金保持良好的流动性与效益性。此外，合作银行内部设立信贷保证基金制度，当合作银行出现资金危机或进行合并重组时，可提供全额资金填补缺口。作为金融混业经营和综合监管的典范，德意志联邦银行是唯一有权对合作金融机构行使统计权力的机构，德国联邦金融监管局（BAFIN）则负责收集合作金融机构的资本金与流动性等信息。德国依托联邦中央银行和行业审计构建起监管与风险防范体系，保障合作金融规范、稳健发展。

（5）审计制度

德国将审计制度纳入法律框架，确保其严格执行，为合作社行业健康发展提供坚实保障。德国《经营及经济合作社法》规定，合作社设立前必须通过本地合作社审计协会的审计鉴定，合格后方可成立，且每个合作社必须加入一个合作审计协会。审计协会定期对合作社的资产和业务进行审计，根据合作社资产额度确定审计频率：普通合作社每两年审计一次，资产额超过 400 万欧元的合作社则需每年审计。审计内容包括查阅各类账目与文件，最终以书面报告形式公布审计结果。严格的法定审计制度，既为合作社明确管理方向，又对其形成有效制约，有力推动合作社健康发展。

4.1.2 美国农村合作金融发展实践经验

美国农村合作金融体系由职能各异、区域划分明确的三部分构成。依据自然条件，美国被划分为 12 个区域，每个区域均构建起独立完整的合作金融体系。

（1）组织结构

美国农村合作金融体系由联邦土地银行系统、联邦中期信用银行系统和合作银行系统三大相对独立的系统复合而成，并由农业信用管理局进行统一管理。

联邦土地银行系统：1916 年，美国颁布《联邦农业贷款法案》，并依据自然地理条件将全美划分为12个信用区，每区设立1家联邦土地银行。该系统初期主要依靠政府出资创建，但随着发展，政府资本逐步退出，现由理事会负责管理运营，受农业信用管理局监管。联邦土地银行以农场主及其他农业生产者为主要服务对象，负责受理贷款申请、审查项目，并为符合条件的申请者提供资金融通服务。

联邦中期信用银行系统：1923年，12个信用区内相继建立联邦中期信用银行，旨在满足农业生产的中短期融资需求。该系统同样由政府出资创立，目前政府资本已退出，所有权归属于农业生产信用合作社。联邦中期信用银行并不直接向农民提供融资，而是通过为合作社提供资金批发服务，间接支持农民的中短期农业生产贷款。

合作银行系统：1933年，根据美国国会法案，合作银行系统设立，是三大系统中成立最晚的。与前两个系统不同，美国共设有13家合作银行，除12个信用区各设1家外，还设有1家中央合作银行。该系统初期也由政府出资组建，后期政府通过股票回购的方式，将所有权转移至各区合作银行，而各区合作银行最终归属于农村生产合作社，形成与德国类似的自下而上的所有权结构。区合作银行提供的融资服务主要用于支持农村生产合作社的生产经营活动及设备采购。

（2）政府主导创办

回顾美国农村合作金融体系的形成历程，政府在三大独立合作金融系统的创建中发挥了主导作用。创建初期，政府基于农业发展需求，通过立法确立各系统地位并注资参与创办，这与德国农民自发组建信用合作社的模式截然不同。在合作金融体系发展后期，政府逐步撤出资金，以保障其合作性质，推动体系自主独立发展。

（3）监管体系

美国农村合作金融监管体系由外部监管与内部监管两种方式共同构成。外部监管：主要由农业信贷管理局和各农业信贷区的农业信用委员会负责，对农村合作金融机构的资产、贷款等业务进行监管。内部监管：以行业自律协会为核心，其宗旨是维护信用合作社的利益，协助农村合作金融机构解决内部问题，并负责与政府及相关部门进行沟通协调，有力推动了美国合作金融的发展。

（4）信用保证保险体系

美国的信用保证保险体系由存款保险制度和信用合作保险制度共同构成。信用社存款保险基金不仅为社员提供存款保险服务，还涵盖伤残险、财产险和储蓄寿险等业务，是美国农村合作银行最主要的风险保障平台。信用合作保险集团为各合作金融机构及社员提供商业性保险服务。该集团秉持互助理念，以低保费、低利润模式运营，在信用合作组织遭受资金损失时予以补偿，为美国农村合作金融体系提供了坚实的风险保障和损失补偿机制。

4.1.3 法国农村合作金融发展实践经验

“两节鞭”模式是对法国农村合作金融体系最为贴切的概括。在其发展历程中，政府深度参与，形成了政府主导下“上官方下民间”的互助合作银行体系。从创建初期的积极推动到后续的宏观调控与管理，政府始终扮演关键角色，为合作金融的持续发展提供坚实保障。

（1）组织结构

法国农村合作金融体系由地方农业信贷互助社、地区农业信贷互助银行和中央农业信贷银行三个层级构成。三层级组织独立经营，实行总部与省级两级核算制度。

地方农业信贷互助社：作为基层组织，也被称为农业信贷互助银行，下设服务营业所，直接面向农民提供服务。

地区农业信贷互助银行：按地区划分，主要由农民、小农场主及雇员入股组建，属于典型的信用合作组织，以维护社员经济利益为核心，为社员提供全方位金融服务。

中央农业信贷银行：作为法国农村合作金融体系的总行，其运营资本主要来源于国家财政和地方机构，采用商业化经营模式，主要为各地区农业信贷银行提供资金调剂、结算等服务，并负责内部监察稽核，但不直接向农民开展业务。

（2）合作性、政策性和商业性的统一

由于政府深度参与法国合作金融体系的构建与运营，政策性金融业务始终融入其经营活动。鉴于农业收益低、风险高，商业银行参与度低，法国中央农业信贷银行推进股份制商业化改制，开展多元化经营，将合作性、商业性与政策性有机融合于运行机制中，为国内农业经济发展提供有力支持。

（3）农业合作与信用合作同发展

法国农村信用合作将农业合作与信用合作紧密结合，实现二者协同发展。社员在生产资料采购、农产品加工与销售等环节，可享受农业合作社提供的优惠条件，同时须自觉遵守相关规则。为获取农业生产销售过程中的融资优惠与便利，农民通常会主动遵守农业合作社规范。此外，法国农业合作金融体系的人才库制度为维持业务稳定提供人才储备；信贷双重审核机制有效降低了组织经营风险。

4.1.4 日本农村合作金融发展实践经验

日本的合作金融体系建设虽起步较晚，但通过借鉴先进合作思想与欧美国家实践经验，结合本国国情，成功构建起独具东亚特色的高效农村合作金融体系。

（1）组织结构

日本农村合作金融体系以典型的“二三三”模式著称。其中，“二”指政府与农民对合作金融组织的投入组合；第一个“三”代表三个层级，即基层农业协同组合、信用农业协同组合联合会和农林中央金库；第二个“三”表示三个子系统，每个基层农业协同组合和信用农业协同组合联合会均涵盖农业、林业和渔业领域。作为农林渔业协同组合的重要组成部分，该体系层级分明，遵循自下而上存款、自上而下融通资金的原则，各组织分工明确且独立运营。

（2）政府扶持

在农村合作金融体系创建初期，日本借鉴美国“官办民营”模式，由政府出资推动组织建设。随着体系逐步稳定，政府通过股权回购的方式，推动合作金融组织脱离行政依托，实现独立经营。同时，政府在税收、利率、保险等方面给予政策倾斜，为农村合作金融体系的可持续发展提供有力保障。

（3）以农协为载体

日本农业协同组合（农协）是综合性农业合作社，其事业部下的合作金融业务致力于为农民提供便捷服务。农协以农业、林业、渔业合作为基础，以合作金融服务为纽带，联合其他事业部共同推动日本农业经济发展，成为农村金融与农业生产深度融合的核心载体。

（4）保险体系

日本构建了完善的农村合作金融保险体系，由存款保险制度、相互援助制度、农业信用保证保险制度与农业灾害补偿制度共同构成，全方位防范金融风险。

存款保险制度：自动覆盖所有在农协存款的农民，一旦合作金融组织出现兑付危机或破产，保险机构将直接向农户赔付保险金，保障存款安全。

相互援助制度：作为存款保险制度的补充，重点强化信用业务风险防控。该制度旨在预防农协经营困境，间接维护社员利益，确保农协稳定运营。

农业信用保证保险制度：由日本政府设立，是目前覆盖范围最广、综合性最强的保险制度，旨在保障农村金融机构的融资权益，降低信贷风险。

农业灾害补偿制度：针对农业生产因自然灾害等导致的损失进行补偿，减少农业生产风险对农村金融体系的冲击。

4.2 国外农村合作金融经验借鉴

全球农村合作金融组织的制度框架，大多源于19世纪中后期形成的合作制理论范式。历经一个半世纪多的发展，发达国家的合作金融体系已构建起包含法律规制、风险管控、治理结构的制度框架，其发展呈现三个显著特征：一是通过合作社法等专门立法明确法人主体地位；二是形成“基层合作社—区域联社—中央金库”三级组织体系；三是实行以社员民主管理为核心的内生发展机制。综合发达国家农村合作金融的成功实践，其可供借鉴的经验主要有以下几点。

4.2.1 市场需求

德国信用合作社诞生于农民生产积极性高涨、资金需求迫切的背景下。当时，以营利为目的的德国商业银行将收入低、还款能力差的农民排除在外。而农村信用合作社围绕客户需求开展业务，深受社员欢迎。

我国农村资金互助组织的组建背景与之相似，有着广泛而强烈的市场需求。市场定位须聚焦资金需求旺盛的农户与农村小微企业，通过农村资金互助组织服务农村市场。

4.2.2 信用保障

合作金融组织为社员共有并服务于社员，社员需自觉遵守内部制约机制。因此，社员对合作原则的服从程度决定了合作金融的可持续发展。国外合作金融组织注重社员诚信，有些还借助宗教制裁观念加以约束，后来又建立了严格的管理制度以保障合作组织的运行。当合作金融组织发展壮大，与商业银行形成竞争时，传统约束无法满足经营需求，合理的制度建设便逐渐取代传统约束，维护组织的正常运转。

我国目前单个农村资金互助组织规模小，从业人员综合素质不高，抗风险能力弱，道德风险突出，各类案件时有发生。这就需要以组织内部的信贷规章制度为基础进行规范，逐步建立适合农村特点的信用评级制度，并在相应法律法规保障下，建立合理完善的农村合作金融制度，改变目前以传统农村社区规范为主要惩罚机制的局面。

4.2.3 风险防范

德国依靠联邦中央银行和行业审计系统对农村合作金融进行外部监管，法国的自律契约机制提升了合作金融体系的风险防范能力，美国和日本也都为农村合作金融设立了监管及管理机构。在存款保险制度方面，德国的信贷保证基金制度和存款保险机构是行业自发建立的，而美国、法国和日本则实行政府强制存款保险制度。美国的信用社存款保险基金在建立时得到联邦存款保险机构的扶持参与，法国主要依靠行业共同保险基金，日本政府则推动建立了合作金融保险制度，形成官民合办的信用存款保险机构。

值得注意的是，德国合作金融体系通过动态调整信贷风险评估模型与流动性监测指标，实现了风险防控与支农效能的平衡，为我国农村合作金融组织在乡村振兴战略下的制度创新提供了实证样本。我国农村资金互助组织尚处于初级阶段，除正规的农村资金互助社由地方银监局监管外，尚未建立统一的监管机构。鉴于我国农村地域广阔、人口分布不均、地区经济发展水平差异大，农村资金互助组织刚起步，其监管和风险防范机制有待逐步建立。

4.2.4 政府参与

德国作为建立人类历史上第一个合作社的国家，其与美国、法国、日本农村合作金融体系的形成都离不开政府的大力支持。政府通过政策扶持和财政投入推动农村合作金融发展，但参与有度，仅在政策支持、资金注入、法规制定和风险防范等必要阶段介入，不过度干预合作事业。例如，德国以法律形式规定政府持股比例在25%以内。

农业具有较强的外部性，农村资金互助组织是基于“人合”的“资合”，更强调合作者之间的互助协作。过多外部行政干扰可能导致农村合作金融重陷“农村合作基金会”困境。因此，政府在农村资金互助组织发展过程中，应给予适当的政策倾斜，营造良好的法律制度环境，协助建立农村合作金融体系，在商业上提供优惠条件，如减免税收、贴息等，并适时减少对其经营管理的干预。

4.2.5 法律规范

发达国家和地区在农村合作金融发展初期便通过各类法规对合作金融组织进行保护与约束。经过长期探索，德国、美国、法国和日本均颁布了专门的合作金融法律，形成了完善的合作金融法律体系，且注重与其他法律的协同衔接。

德国将各类合作社统一纳入《合作社法》调整范围，后又制定专门的《合作银行法》规范合作金融业务。美国、日本等国家则针对不同类型的合作社、合作金融机构分别立法（如美国的《联邦信用社法》），并注重与其他法律的协调。这些立足本土合作金融特点的法律体系，为合作金融体系的健康发展提供了坚实的法治保障。

我国农村资金互助组织的发展目前主要参照《农村资金互助社管理暂行规定》，具备农民专业合作社背景的组织可同时参照地方依据《中华人民共和国农民专业合作社法》制定的资金互助类补充政策。但当前仍需一部专门法律对农村资金互助组织的法律性质、产权结构、组织架构、管理体制及风险监管等进行系统规范：明确其法律主体地位，界定业务经营范围、社员权利义务、风险防控措施及审计制度等，从法律层面确认其合法性，提升农村合作金融组织的社会公信力，为其发展构建良好法治环境。

4.3 本章小结

本章回顾了发达国家的农村合作金融实践过程并剖析其成功经验。通过考察德国、美国、法国和日本农村合作金融的起源与发展、组织结构、运营模式、风险管控机制等方面，研究发现：无论经济体制与发达水平存在何种差异，只要存在商业金融无法覆盖的融资需求，合作金融组织就有存在的必要性。

农村资金互助组织作为衔接农户与农村正规金融组织的纽带，在农村社会信用体系建设中具有不可替代的作用。这一作用的发挥依托于农村社会资本的理论支撑，深入分析社会资本对农村资金互助组织的影响路径与作用机制，对理解我国该类组织的生成逻辑与运行机理具有重要意义。

5

社会资本影响农村资金互助组织路径分析

完全自发的合作金融在我国金融体制中一直存在，仅表现形式有所不同。一般常见的是亲朋之间的小额借贷，随后，合会、摇会、轮转会等各种形式的资金互助组织逐渐发展为职业化和组织化的民间资金互助组织，其覆盖范围广泛，从经济发达地区到落后地区均有涉及，且参与者众多。

这类非制度化的合作金融组织因缺乏法定地位，长期处于体制外补充状态。在监管盲区与市场内生需求的双重作用下，它们与正规金融体系形成了结构性的互补关系。不过，其生生不息的发展态势表明，这种自发性合作金融具有极强的生命力，而这种生命力源于传统的农村社会资本。

在农村，亲友邻里间的借贷多无须抵押，仅凭熟人信任便可达成。这是农村社会网络中，农民在社区信任与规范下形成的典型非正规互助融资形式。社会网络连接组织成员，社区规范发挥约束作用，而熟人信任共同构成社会资本（Woolcock M.，1998）。这种社会资本能够基于人们在社会结构中所处的位置，为人们带来一定的资源。农村社会资本通过信用环境、运行成本及组织成员融资这三条路径，对农村资金互助组织产生影响。

5.1 农村资金互助组织发展基础

5.1.1 乡村社会资本对农村信用环境的优化

乡村社会资本通过激发社区居民的合作行为，抑制失信行为，进而推动农村信用环境的改善。当前，农村资金互助组织仍处于发展初期，组织与成员、成员与成员间的信任关系及信用程度，在很大程度上依赖于传统农村社群信任和社会规范所营造的信用环境。在此阶段，乡约民意和社会舆论仍是约束融资还款行为的重要道德力量。在农村社区，声誉作为一种关键的社会资本，备受每个人重视。声誉是无形资产，既反映个人道德水准，还体现其在农村社区中的地位与形象。与具有强制力的法律不同，声誉机制是一种低成本的软性约束，更能彰显个人在经济活动中的行为规范与价值取向。良好的声誉能够为农村居民赢得社区内其他成员的尊重与信任，使其在未来的社会交往和经济活动中，以较低的社会成本获取更多便利。

5.1.2 农村社会信任的转型趋势

中国正经历深刻的社会变迁，传统封闭模式被开放市场经济打破，人们的交往范围扩大，与陌生人的互动增多，传统的熟人关系网络也随之弱化。农村社会信任正从具有伦理性、低风险性的社群信任，向具有市场性、高风险性的社会信任转变。尽管基于差序格局的社群信任在中国文化和社会结构中根基深厚，短期内不会发生根本性变化，但随着市场经济中契约关系的普及以及社会转型的持续推进，普遍性的社会信任将逐步渗透到农村社会，而农村社群信任的影响力则会在较长时期内逐渐减弱。

5.1.3 农村资金互助组织的发展路径

我国目前正处于社会信任的转型阶段，传统社会信任机制因社会转型受到冲击，而现代社会信用机制尚未完全建立。构建现代社会信用机制，需要借鉴发达国家的经验，并结合中国社会的发展特点，将传统社会信任作为重要支撑。农村资金互助组织应顺应农村经济社会发展趋势，在横向层面加强不同资金互助组织间的联合，在纵向层面延伸农民专业合作组织的产业链条，将自身发展融入市场环境，引入市场规则。通过这种方式，逐步以现代制度下的普遍信任来维系经济合作，实现农村社会经济资源的高效整合与协同发展。

5.2　乡村社会资本优势

5.2.1　乡村社会网络降低信息成本

在金融机构的经营成本构成中，信息成本处于关键地位。传统农村社会具有鲜明的地域特征，农民的活动范围往往局限于家庭、宗族与村庄。社会学家费孝通将这种社会形态定义为“乡土社会”，受交通条件制约，人们在相对封闭的区域内聚居，共同参与生产活动，彼此间极为熟悉，由此形成了独特的农村熟人社区关系网络。该网络以血缘、亲缘为基础，向地缘逐步扩展，具有显著的内向性与封闭性。尽管改革开放推动了社会变迁，削弱了血缘关系在社会联结中的主导地位，但在众多村落中，地缘与血缘的融合依然存在，村落家族结构依旧稳固（王沪宁，1999）。

农村资金互助组织通常以行政村或乡（镇）为基本单位，组织成员生活在同一地域，彼此熟悉且信息获取便捷。在社员入股环节，组织通过严格的甄别机制，将信用不佳的农户排除在外，确保成员具备良好的信誉。这种机制不仅成为风险防控的首道防线，还构建了内部自我监管体系，有效降低还款风险，进而提升农村地区的信贷供给能力。

与其他金融机构相比，农村资金互助组织依托紧密的社会网络，在信息获取与传递过程中展现出显著的成本优势。在陌生环境中，金融机构收集同等信息需耗费高昂费用，而农村资金互助组织则能以极低的成本完成，这正是其扎根农村社区的独特优势。

5.2.2　乡村社会规范降低监督成本

社会规范是人类在社会互动中形成的行为准则，涵盖风俗习惯、道德规范、宗教规范和法律规范等，为社会成员所普遍认可与遵循。在农村地区，社会规范主要体现为适用于特定地域的道德规范。其中，风俗习惯通过无意识的模仿形成，而道德规范则是对社会生活中重要事物和行为的价值评判，借助社会舆论、传统习惯和内心信念，对人们的行为进行善恶评价。

农村金融市场的贷款需求具有分散、小额和个性化的特点，与商业性银行的集中化、标准化贷款模式截然不同。农村资金互助组织能够精准匹配这种多样化需求，而乡村社会规范则显著降低了监督成本。已有研究表明，社员农户的违约率极低，这得益于农村社区共同的道德信念与价值标准。在熟人社会中，违约不仅会遭受舆论谴责，还会导致声誉受损，进而在未来经济活动中受限，使个人的农村社会资本遭受损失。由于农村贷款渠道有限，农户极为重视与资金互助组织的信用关系，违约成本远高于商业银行贷款，因此乡村社会规范对借款人形成了强大的道德约束，大幅节约了金融交易中的监督成本。

5.2.3 乡村社群信任降低风险管理成本

信任是合作的基石，推动人类社会在合作与竞争的动态平衡中发展。在组织内部，信任能够促进成员沟通，增强凝聚力，提升工作效率，是一种嵌入社会架构与制度的功能性社会机制。

中国传统农村社会以血缘和地缘为基础，构建了“差序格局”的社会网络，信任则以文化为依托，在该网络中层层延伸。受自然经济影响，传统社会的经济和社会信任以个人为中心，缺乏大规模经济交往所催生的社会契约，使得信任局限于熟人和地域范围，形成特殊的社群信任。这种信任与西方契约经济下的信用存在本质差异：前者基于人际关系，后者依赖制度约束。

传统乡村社群信任虽可视为现代社会信用体系的乡村版本，但其建立在情感基础之上，与基于契约的普遍信任截然不同。随着现代化进程加速，市场经济扩张与工业化、城市化发展冲击着传统地域共同体，引发信任机制转型——人格化社群信任逐步让位于依托制度规范的脱域化信用体系，标志着社会资本从特殊主义向普遍主义转变。

农村资金互助组织的独特优势在于，资金供需双方同属农村社区网络。尽管融资行为仍存在时间和空间分离，但基于同一社群的紧密关系，显著降低了不确定性和信息不对称带来的风险。这种社群信任有效降低了组织的风险管理成本，提升了运行效率。

社会网络、社会规范和社区信任构成了农村社会资本的核心资源，是外生金融机构难以企及的天然优势。在经济社会转型期，当市场、法律等制度性社会资本无法充分满足农村经济发展需求时，农村资金互助组织能够依托传统农村社会资本，以社区信任为纽带，联结小农户与大市场。这既契合中国农村传统社会关系，又能降低交易成本、提高组织效率。当前，中国农村社会仍具有一定封闭性，社群信任促进了熟人范围内的合作；农村资金互助组织基于熟人关系呈点状发展，服务范围虽小但覆盖面广。由此可见，社会资本是农村资金互助组织持续发展的源泉。

5.3　乡村社会资本约束

5.3.1　先赋性劣势

发展中国家农村地区普遍存在金融抑制问题，我国也不例外。受城乡二元结构影响，农村金融机构常以资金虹吸的方式将农村资金转移至城市及非农领域。农户和农村小微企业是资金需求最为旺盛的群体，却难以从正规机构获得贷款。多数农户因缺乏有效抵押物，或因生活性借贷需求等原因，被正规金融机构拒之门外，融资困难严重影响生产生活。史清华（2002）从金融需求角度分析指出，中低收入农户的贷款需求主要集中于基本生存、生活性开支和小额生产费用，呈现需求数量多、单笔金额小的特点。然而，商业金融机构因成本过高而倾向放弃。因此，农村地区的这类资金需求，主要依赖合作金融与民间借贷来满足。

农村资金互助组织作为典型的微型农村合作金融组织，是弱势农户与农村小微企业为获取金融资源而对现行农村金融体制的回应。其资金来源于农村并服务于农村。在正规农村金融供给不足的背景下，农村资金互助组织为农户的金融资源配置提供了新的可能（游碧蓉，2008）。该组织嵌入农村社会网络，社员通过互助合作方式，将闲置资金留存于社区内，形成内源性资金，为有融资需求的社员提供支持。内源性资金具有自主性强、成本低、抗风险能力高的特点，是农村资金互助组织生存与发展的重要基础。但受组织规模和资金积累能力限制，内源性资金规模有限，难以满足大额融资需求，亟须外部资金注入。未来，农村资金互助组织可通过与金融机构合作，构建资金批发机制，或与其他组织建立良好的互动关系，提升社员担保能力，以获取更多外源性资金。

5.3.2 社群信任消极面

（1）空间约束

封闭性的社会结构是资本发挥作用的前提，也是其产生消极影响的根源。从社会资本视角来看，农村资金互助组织在一定程度上复制了农村社会网络。这种社会网络既是组织的优势，又存在局限性。社会网络具有先赋性特征，并广泛渗透于农村社会生活。在农村资金互助组织内部，社会网络如同润滑剂，促进组织运行；社群信任推动农户在面对大市场时实现资金联合与互惠合作。但与此同时，这种社会网络也从内在限制了组织的合作规模。

（2）时间约束

短期内，农村资金互助组织最初多被设计为村或乡镇级单元，这种基于社会网络的规模限制，有助于控制风险发生概率，体现了国家政策层面防范金融风险的审慎考量，这在组织发展初期具有必要性。然而，社会网络中的熟人关系存在相应弊端。在组织决策过程中，人际关系强度可能导致决策偏离，甚至出现不规范行为。从长期发展来看，农村社群信任的局限性逐渐显现，熟人关系成为制约农村资金互助组织可持续发展的因素。

在农村资金互助组织发展初期，小范围的合作和农村社会规范有助于改善农户融资状况、控制违约风险。但随着市场经济不断深化和新农村建设持续推进，农村社会环境发生显著变化，相对封闭的社会结构逐渐瓦解，农民流动性增强，农村社区成员间的关系不再紧密。在此背景下，农村社会资本的消极作用日益凸显：它倾向于排斥组织外部成员获取资源。农村资金互助组织的融资活动仅限于内部社员，无法通过向非社员开放融资来扩大资金规模，导致组织资金规模发展受限，难以充分满足社员的贷款需求，严重阻碍了组织的可持续发展。

5.4 本章小结

从社会资本视角看，农村资金互助组织是正规金融体系边缘弱势农户应对金融抑制的创新产物。社会资本通过优化农村信用环境、降低组织运行成本、拓宽社员融资渠道，为组织发展注入动力；然而，其固有的双重特征也在一定程度上限制了组织的长远发展。本书认为，若要深入探究该组织的可持续发展，需从以下维度展开研究。

第一，农村资金互助组织运行机制的解构与重构。运行机制是引导组织决策、资源配置及运营活动的核心准则与制度体系，是保障组织目标实现和良性运转的关键。农村资金互助组织的运行机制，本质上构成其制度存续的内生逻辑框架，具体体现为多维度制度架构协同演化的系统。该系统依托三重核心机制实现高效运转：其一，通过治理结构的权责配置，明确组织各层级权力与责任边界；其二，借助资源动员的差序传导，以社会关系网络为纽带实现资金与资源的有序调配；其三，依靠风险控制的集体行动，整合成员力量降低经营风险。在社区社会资本嵌入与金融契约不完全性的矛盾张力中，这些机制相互作用，实现要素间的耦合。其作用机理契合制度嵌合体（Institutional Bricolage）理论范式，通过乡土社会非正式规范与正式金融规则的适应性重组，形成兼具路径依赖与动态调整能力的均衡体系。后续研究将围绕这一核心问题，深入剖析运行机制的内在逻辑与路径。

第二，农村资金互助组织效率测度与影响因素解析。当前，我国农村资金互助组织呈现“正规—非正规”二元并存格局，审批与主管单位的多元化导致组织资质差异显著。通过科学的效率测度方法，对不同类型组织的资源利用程度与运营效能进行量化评估与横向对比，可为单个组织改进及行业整体竞争力提升提供理论支撑。未来研究将构建包含财务指标、社会绩效、风险控制等维度的综合评价体系，结合 DEA、随机前沿分析（SFA）等方法，系统探究影响组织效率的关键因素。

第三，农村资金互助组织支农效率的宏观评估与价值彰显。在国家政策引导下，“依托农民合作社与供销合作社培育新型农村合作金融组织”已成为发展趋势。深入评估该组织以小微信用贷款支持农业经济发展的实际效能及其对区域经济社会的影响路径，具有重要的现实意义。后续研究将基于县域层面的宏观数据，运用计量经济学模型，系统分析农村资金互助组织融资支持对农村产业升级、农民增收、乡村振兴的具体贡献。这不仅有助于提升公众对农村资金互助组织的认知与认可，更为政策制定者优化农村金融资源配置、完善扶持政策提供实证依据。

6

农村资金互助组织运行机制分析

农村资金互助组织的运行机制，是指互助组织所提供的服务在组织与成员间流转的结构体系及其功能实现方式，主要由组织机制、运营管理机制、风险管控机制和利润分配机制四大核心模块构成。这些机制既相互独立又紧密关联，通过协同运作形成有机整体，驱动组织实现资源配置、风险防控和效益分配等功能。

自 2006 年国家启动农村资金互助组织试点推广工作以来，各地在组织建设过程中，普遍将正规农村资金互助社的规章制度作为参照标准，旨在通过合规化运营获取国家认可的经营资质，从而为组织的长期稳定发展奠定基础。鉴于此，本章将以正规农村资金互助社的运行机制为研究核心，同时对比分析与其他类型农村资金互助组织的异同，旨在全面揭示农村资金互助组织运行机制的共性特征与差异化表现。

6.1 组织机制

6.1.1 产权结构

根据《农村资金互助社管理暂行规定》，农村资金互助组织的发起人不得低于 10 人。虽未要求组织内部平均持股，但对单个社员持股比例作出明确限制：单个农民或农村小微企业入股额度一旦超过股金总额的 5%，需经银行业监督管理机构批准，且持股比例上限为 10%，以避免股权过度集中。《农村资金互助社管理暂行规定》在产权制度上的特殊安排主要体现在以下几个方面。

（1）经营积累的双轨划分机制

组织将经营积累划分为公共积累与个人账户积累两部分。公共积累由盈余公积等构成，归全体股东共同所有且不可分割，主要用于支持组织扩大经营规模，保障组织长期稳定发展。在足额提取公共积累后，剩余利润或亏损才会分割量化至社员个人账户。社员个人权益涵盖股金、个人应得利润及公共积累中的集体权益三部分，并以个人权益为限对组织承担责任；退股时，个人权益可依法返还。

（2）附加投票权的平衡设计

在“一人一票”的基本表决权基础上，《农村资金互助社管理暂行规定》允许向出资额较高的社员赋予附加表决权，同时规定附加投票权总量不得超过总投票权的20%。该制度既尊重贡献较大的社员的权益，激发其参与积极性，又通过权力约束机制防止组织治理机制的异化。

（3）退股条件的多重限制

社员退股须同时满足多项条件：①提交退股申请；②申请当年组织经营盈利且无逾期贷款本息；③退股后资本充足率仍不低于8%。若退股导致资本充足率低于8%，申请将不予批准。

从全国范围来看，农村资金互助组织的股权设置呈现多样化特征，主要包括资格股、投资股、流动股、公共股和集体股五类，各类股权权益界定如下。

资格股：成员入社的基础股金是获取组织服务的前提，不同组织根据实际情况设定差异化的入股起点。

投资股：由经济实力较强的成员在资格股之外追加投资，以获取收益回报。

流动股：约定期限内可流通，以吸引外部资本为目标，助力组织扩大资金规模。

公共股：来源于政府财政贴息、政策性融资或社会团体、慈善机构的资助，不参与日常管理，接受国家和社会监督。

集体股：由组织所在地原集体资产或公共积累转化而成，归全体成员共同所有。

不同地区的股权设置存在显著差异。

江浙地区：多数组织仅设置资格股、投资股和流动股。以浙江省瑞安市梅屿蔬菜专业合作社资金互助为例，其章程规定农户资格股为200元/股，2年内不得退股；单户投资股占比上限为10%，1年内禁止退股；发起人投资股初期可占20%，但需在5年内降至10%；流动股按约定期限支付股金，并承担经营风险。

吉林省梨树县百信农村资金互助社：股权结构包含资格股、投资股、流动股和公共股。其中，在资格股方面，农民社员的起点为200元，非农民社员的起点为500元且非农民社员资格股需持有3年后方可申请退股；投资股需持有2年后可退股；流动股按决算分红，持有不满1个月的不计息；公共股的资金收益用于组织运营、公共积累及社员借款贴息。这种多元化股权设置虽突破了经典合作金融“股金不分红”的原则，但契合现代合作金融制度的演变趋势（何广文，2001）。

安徽太湖小池镇银山农村资金互助社：在股金设置中保留集体股，旨在吸纳本村非社员资金，既强化组织资金实力，又惠及更多群体，实现资源共享与利益均衡。

6.1.2 利益相关者

6.1.2.1 股东社员

股东社员是指符合《农村资金互助社管理暂行规定》入股条件，认可并遵守组织章程，向农村资金互助社出资入股的农民及农村小微企业。由于该组织的借贷业务仅限于在社员范围内开展，因此股东社员既是组织的所有者、支持者，也是其核心客户群体。其中，农户社员占比最大，在组织决策中享有“一人一票”的表决权。由股东社员组成的社员代表大会作为组织的最高权力机构，肩负选举理事会和监事会成员、定期召开社员大会审议运营报告、决定重大事项及发展方向等重要职责，确保组织运营符合成员共同利益。

6.1.2.2 高管人员及员工

高管团队包括理事长、经理和监事长。经理负责具体资金互助业务，可由外部聘任，也可由理事长兼任；未设理事会时，经理同时担任法定代表人。经理依据组织章程和社员大会授权，全面主持日常经营管理工作，落实理事会决议，并从专业角度对存贷资金规模、资金使用结构等进行规划，经理事会、监事会审议通过后组织实施。监事长则在社员大会授权和章程规定下，监督理事会执行决议、检查业务经营情况、监管理事会成员及员工履职等，并有权向理事会提出质询与改进建议，保障组织运营的合规性与公正性。其他员工则在高管团队的指导下各司其职，共同保障组织的正常运转。

6.1.2.3 合作机构

合作机构分为上游银行业金融机构和下游农民专业合作社两类。根据《农村资金互助社管理暂行规定》第四十二条，互助组织在满足社员贷款需求后，可将富余资金存放于其他银行业金融机构，也可在符合审慎监管要求的前提下融入资金。在实践中，受农村经济发展水平和农民收入限制，互助组织多与上游金融机构开展资金融入业务。政策性银行和农村信用社等机构为互助组织提供贷款与流动性支持，不仅有助于互助组织发展，还能借助其贴近农户的优势，拓宽金融服务覆盖范围。

与下游农民专业合作社的合作，则是对产业链的延伸与拓展。农村资金互助组织通过联合弱势农户，将筹集资金用于满足社员生产生活需求，促进社区内资金合理流动。这既保障了农户再生产顺利进行，推动专业合作社生产链延伸，又强化了农户间的合作关系，实现互助组织与专业合作社的协同发展。

6.1.2.4 监管部门

农村资金互助组织的业务性质特殊，需外部监管机构进行有效监督，以维护农村合作金融秩序、防控风险、保障成员权益。目前，仅有取得金融许可证的正规农村资金互助社由国家银监部门监管，大量非正规互助组织仍面临监管主体缺失、管理规范与法律保障不足的问题。“谁批准，谁监管”原则在实践中未能有效落实，如2012年江苏灌南农民合作社非法吸储案件中，审批与监管脱节，暴露出监管漏洞。

2014年中央一号文件明确提出合作金融组织的发展原则，即“坚持社员制、封闭性，不对外吸储放贷、不支付固定回报”，并建议由地方政府承担资金互助试点监管职责，为非正规农村资金互助组织的差异化管理提供政策指引①。

6.1.2.5 股东社员

股东社员本质上是具有共同资金融通需求的农村居民，多以农户家庭为单位参股。这些股东社员直接参与组织融资活动，其他社区居民虽未直接入股，却是组织所在社区网络的重要组成部分，以间接方式参与组织活动。当社员从互助组织获得贷款后，社区居民凭借紧密的社会网络成为信息传播与监测的重要力量，能够及时获取并扩散相关信息，同时通过舆论监督，促使贷款社员遵守社区规范，保障资金使用安全。

图6-1为农村资金互助组织利益相关者互动关系。

① 中共中央　国务院：《关于全面深化农村改革加快推进农业现代化的若干意见》（国务院公报，2014年第3号），https：//www. gov. cn/gongbao/content/2014/content_2574736. htm，2015年11月12日。

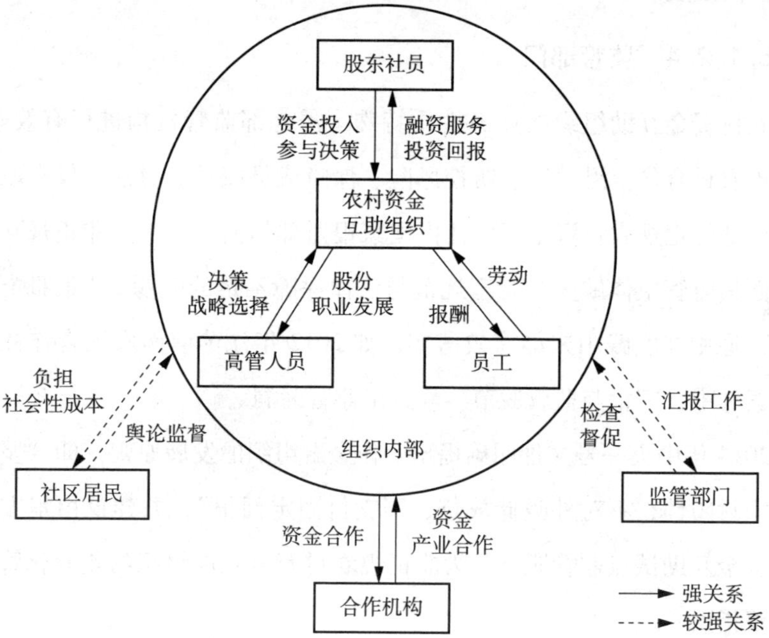

图 6-1　农村资金互助组织利益相关者互动关系

6.1.3　组织结构

农村资金互助组织的组织结构简单，权力责任明晰。社员代表大会是该组织的最高权力机构，按照章程行使其职权，如制定或修改章程，审议批准年度财务预决算方案和利润分配方案等。社员代表大会每年至少召开1次，社员代表按照社员数量由全体社员选举产生。理事会是农村资金互助组织的执行机构，至少由3名理事共同组成，其人员的选举和更换由社员代表大会投票决定。理事会选举1名理事长为其法定代表人，并负责召集和主持理事会各项会议。监事会为互助组织监督机构，按照章程规定和社员大会授权，对组织经营活动进行监督。监事由社员代表大会选举产生并可更换，监事会至少由3名监事组成，设监事长1名并由监事会选举产生，监事会的会议由监事长召集和主持（见图6-2）。

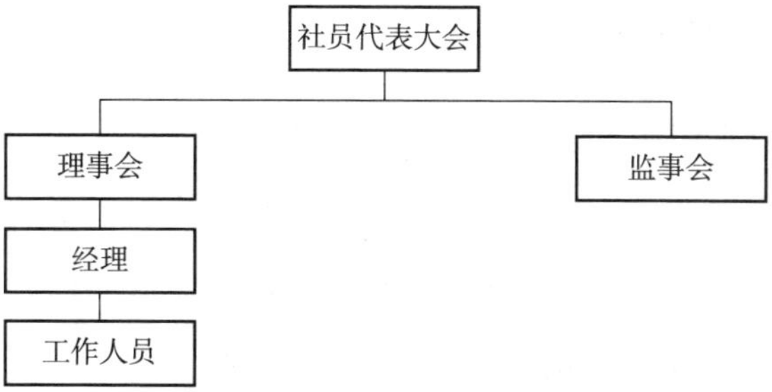

图 6-2 农村资金互助组织结构

6.2 运营管理机制

6.2.1 运营系统

当前，农村资金互助组织受业务种类限制，运营方式相对简易。依据《农村资金互助社管理暂行规定》，农村资金互助组织现阶段主要为农村社区内的社员提供存贷款及结算等基础金融服务。社员仅需携带存折前往互助组织经营场所，在正常营业时间内，便可便捷地办理存取款业务。

在贷款业务方面，不同农村资金互助组织存在一定差异。首先，各组织依据社员入社股金额度，确定最高可贷款额度。尽管杠杆系数有所不同，但都对单个股东社员的贷款最高额度进行明确限制，以此防控经营风险。调研数据显示，杠杆系数范围为 2~10 倍，且多为 10 倍。对于最高额度的限制方式多样，有的组织规定具体数额，有的则按照资本净额比例计算。其次，贷款额度被划分为小额、中额和大额三类，不同额度贷款的办理流程各有不同。小额贷款可直接以信用贷款形式办理，社员在营业柜台申请，无须抵押审批程序；中额贷款若超过业务人员权限额度，需 2~5 名社员联保并经经理批准，一般半天内资金即可到位；大额贷款则需经理事会共同商议决定，审批时间为 1~3 天。

6.2.2 管理系统

农村资金互助组织大多以农村资金互助社为模板，以《农村资金互助社管理暂行规定》作管理依据。首先，通过社员代表大会选举产生理事会和监事会，并制定组织章程及相关内部管理制度，这些构成了组织设立与运营的重要基础，也是规范组织行为的基本准则。

其次，农村资金互助组织实施资金投放限额管理制度，对贷款最高额度进行限制。根据《农村资金互助社管理暂行规定》，单一社员的贷款总额不得超过资本净额的15%，尽管各社限额存在细微差异，但都遵循这一限制原则。资金发放遵循小额分散原则，优先满足社员小额需求，额度较小的社员具有优先获得贷款的机会。此外，部分农村资金互助组织规定主要发起人以及理事会和监事会成员不得贷款，以此强化组织的民主化管理，避免内部人控制，防止合作金融组织性质发生异化。

最后，农村资金互助组织的运营方式具有自身特点。采取聘任经理的经营模式的组织，要求经理必须为入股社员，且在任期内不得转让股份，以确保经理作为代理人的目标与委托人的目标一致，避免出现代理问题。值得注意的是，部分依托农民专业合作社组建的农村资金互助组织，未成为完全独立的机构，采用“一套人马、两套账”的合并经营模式。虽然从成本角度来看，这种模式可降低经营管理费用，但从长远来看，产权和资金界限不明晰等问题可能会影响农村资金互助组织的运行效率。

6.3 风险管控机制

6.3.1 风险防范

从农村资金互助组织经营产品的金融属性来看，其风险考量通常遵循金融机构的思路。然而，农村资金互助组织尚未与其他正规农村金融机构形成竞争态势，且其小微特性以及社会扶助的民生属性，决定了其运营主要聚焦于平稳发展，市场风险相对较低。因此，农村资金互助组织的风险管理主要集中在信用风险和操作风险两个方面。

（1）信用风险

在农村资金互助组织面临的各类风险中，因贷出资金无法按期回收而产生的信用风险是最为突出的。这一风险不仅是农村资金互助组织所面临的关键问题，也是所有涉及货币经营的组织机构共同面临的重要挑战，并且与农村资金互助组织的功能定位密切相关。

农村资金互助组织作为自组织形式，其成立旨在满足被正规金融机构边缘化的农民的贷款需求，以互助合作的方式实现资金融通。在为社员提供贷款服务的过程中，信用风险主要表现为社员无法按时还贷的违约风险。这种违约风险的产生主要源于以下三个方面。

一是农业产业收益降低：农业作为弱质性产业，其产量和价格受自然条件以及市场价格波动的影响显著。一旦遭遇自然灾害或市场价格下跌，农民的收入将受到严重影响，导致其无力偿还贷款，从而引发信用风险。

二是非生产性资金需求：在农村地区，农民对非生产性资金的需求较大，如用于子女上学、医疗费用、婚丧嫁娶等方面。这类资金需求额度相对较高，若农民没有稳定的收入来源，将难以按时还款，进而产生信用风险。

三是担保失灵：农村资金互助组织在大额贷款的信用担保方面，主要采用农户联保的方式，这种担保方式融合了社区信任、人情信任和契约信用，但通常缺乏实物担保。当经济发展不景气时，担保人可能会失去担保能力，导致社员失去还款保障。

（2）操作风险

操作风险主要存在于农村资金互助组织的内部管理环节，大致可分为两类。

一是组织管理人员的道德风险：资金互助组织的管理者可能会违反信

贷规章制度，超越权限发放人情贷款或关系贷款，这不仅会导致资金损失，还会影响其他普通社员的贷款需求以及分红收益。例如，管理人员可能会出于个人关系或利益考量，向不符合贷款条件的社员发放贷款，从而增加组织的风险。

二是管理风险：金融业务具有较强的专业性，尤其是资金的投放数额和方向需要专业人员进行精准分析和计算。然而，目前农村资金互助组织的管理人员大多为村镇农民，普遍缺乏专业的金融知识和技能。这种专业素质的缺失可能导致资金投放不合理，影响互助组织的收益，并最终对资金循环产生负面影响。

6.3.2 担保机制

6.3.2.1 信用担保

在农村金融领域，农户和农村小微企业常处于被边缘化的境地，难以从银行获得所需贷款。这主要是因为一般农户贷款额度低，银行办理贷款的成本高于盈利；而在大额贷款方面，农户缺乏有效抵押物，导致正规金融机构拒贷。农村资金互助组织受农户和农村小微企业欢迎的关键原因在于其小额贷款无须抵押担保。不过，为了防范风险，对于额度较高的贷款申请，互助组织还是需要一定的担保机制来保障社员的利益。

（1）社区信任的内在担保机制

农村社会规范倡导互惠合作，处于同一农村社区的社员，在长期的生活和经济交往中，形成了稳定的关系以及风险共担、利益共享的合作规范。这种合作规范与农村社会规范中的信任，共同构成了农村资金互助组织的内在担保机制。

从规范角度看，合作规范和社会规范鼓励社员间互惠合作、诚信交往，同时对违约行为进行约束和惩罚。在由利益和情感交织而成的农村社会网络中，社会信任发挥着社区性内在担保的作用，对品行不端的人进行排斥。农户之间基于相互熟悉的信用评价，成为农村资金互助组织可识别的信息，借助人际关系的“抵押”和“担保”，有效规避道德风险和逆向选择，使得违约率维持在较低水平。

（2）声誉约束减少机会主义行为

中国农村社会网络基于差序格局，以个人为中心，且网络环境相对封闭，社区农户之间互动频繁。在这样的环境中，农户的声誉作为一种潜在的社会资本，不仅有助于建立个人声誉，还对个人行为具有显著的约束作用。

农户声誉能有效降低其经济行为的社会成本，对道德风险形成一种软性约束。农村社会网络的紧密性提高了社员之间的熟悉度、依赖度和信任度。社员之间高频的社会互动，使私人信息容易转化为组织内部的共享信息，提高了组织内部信息的透明度，从而降低了机会主义行为的发生概率，既降低了违约风险，又节约了监督成本。此外，社员进行高额融资时采用的联保方式，是信任与声誉在社群层面的扩展。

6.3.2.2 抵押担保

农村资金互助组织的特色在于小额信贷的无抵押无担保模式。然而，现代农业经济朝着集约化和规模化方向发展，对资金投入规模有更高要求。因此，农村资金互助组织在处理大额融资时，需要相应的抵押物来保障借贷者履行债务和实现债权。

以往正规金融机构不认可的土地、房屋、农用机械等，以及非物化的使用权、经营权等，在乡村范围内逐渐成为被共同认可的抵押物。随着我国相关政策的引导，农村土地的经营权和农民住房财产权已被纳入抵押贷款试点范围。这一举措一方面赋予农民更多的财产权利，增强了农民对自身财产的支配能力；另一方面促进了农业生产中规模化经营的资金投入，有效盘活了农村资源，对推动农业现代化发展和农民增收进行了有益尝试和突破。

6.3.3 监督管理

农村资金互助组织因构成复杂，目前尚未形成国家层面统一的直接监管体系，其监管主体往往依据注册登记单位及地方政策的差异而有所不同。

农村资金互助社作为正规的农村资金互助组织，需经银监会审批并获得金融许可证，由地方银监机构实施监管。2007年银监会颁布的《农村资金互助社管理暂行规定》确立了严格监管、统一监管与审慎监管的基本原则。地方银监机构重点监督农村资金互助社在经营过程中是否存在超范围经营、账外经营、擅自变更法定事项等违规行为。同时，对理事、经理及工作人员的违法行为，有权责令农村资金互助社给予处分，或取消相关人员的任职资格。值得注意的是，河北省唐山市迁西县出现由地方银监局监管非正规农村资金互助组织的案例，这在全国范围内较为少见。

截至2010年，经银监会认可的农村资金互助社数量不足50家，大量互助组织处于监管灰色地带。非正规农村资金互助组织类型多样、运作模式各异，由于缺乏统一的审查批准标准，当前主要遵循“谁批准，谁监管”原则，监管主体多为当地农工部或工商部门。然而，这些部门并非专业金融监管机构，在监管人力、技术手段和专业能力上存在明显局限。例如，江苏曾发生3家农民资金合作社违规放贷赚取利差，最终因资金链断裂而倒闭的事件，这不仅暴露出农村资金互助组织监管体系的漏洞，也引发了对互助组织股权结构设置及法人治理结构有效性的深刻反思。

近年来，部分地区已开始探索监管创新，如江苏省地级市成立农村资金互助组织试点工作指导小组，并制定监管试行办法，规范基层互助组织的经营行为。但总体而言，构建一套符合实际、行之有效的农村资金互助组织监管体系，仍需在实践中不断探索与完善。

6.4　利润分配机制

依照《农村资金互助社管理暂行规定》，社员代表大会拥有对农村资金互助组织利润分配及亏损分摊的决策权。该规定第四十九条明确指出，农村资金互助组织需依据财务会计制度提取呆账准备金，且在利润分配过程中应遵循多积累与可持续的原则。

农村资金互助组织兼具合作金融属性，资合模式下股东社员对股权的直接所有权带有人合模式下民主管理权的特质。基于此，多数互助组织采用农民专业合作社所实行的二次利润返还分配方式，即按照股金额与交易额混合的方式进行收益分配。

从实际调研情况来看，农村资金互助组织的分配制度因组织而异，各组织根据自身情况确定股金额分配与交易额分配的不同比例。在年终时，农村资金互助组织依据组织章程规定的比例，将利润按照股金额和存贷款业务交易额进行分配。这种二次利润分配机制对于社员而言，不仅是一种激励手段，能够为社员带来实际利益，还切实体现了成员间的互利互惠，彰显了互助组织的非营利性质。

6.5　案例解析：以青海省海东市乐都区雨润镇兴乐农村资金互助社为例

6.5.1　兴乐农村资金互助社背景分析

兴乐农村资金互助社位于青海省海东市乐都区雨润镇，该镇面积为125.3平方千米，常住人口为1.7万人，下辖10个行政村。大蒜种植是当地农民的主要产业，其中深沟、刘家、荒滩3个村庄位于湟水河南岸，是雨润镇大蒜的核心产区与集散中心。除种植户外，当地活跃着众多季节性大蒜经纪人，承担农产品销售职能。然而，每逢销售旺季，村民需前往湟水河北岸唯一的雨润农村信用合作社办理贷款业务，受制于交通不便，高昂的时间和交通成本成为村民金融服务获取的主要障碍。

近年来，随着农民收入稳步增长，当地农村金融服务需求日益旺盛，供需矛盾越发凸显。雨润镇被湟水河分隔的特殊地理格局，客观上为兴乐农村资金互助社的创建提供了有利条件，催生了本地化金融服务的迫切需求。

6.5.2 兴乐农村资金互助社组织架构

2007 年 3 月 28 日，兴乐农村资金互助社在青海省海东市乐都区雨润镇深沟村正式成立。由 10 名来自深沟村周边的农民和农村小微企业主共同发起，初始入股资金 36 万元，服务范围覆盖周边 6890 余户农户。10 位发起人背景多元，涵盖普通农民、小企业经营者、蔬菜经纪人和村干部等，其中两人各出资 10 万元，持股比例均为 27.78%。

作为我国首批新型农村金融机构试点、全国首家挂牌的乡（镇）级农村资金互助社，兴乐农村资金互助社产权结构较为简明，仅设资格股与投资股两类股权。其中，农户社员资格股最低认购金额为 100 元，农村小微企业社员为 10000 元，并明确单个社员持股比例不得超过股金总额的 10%。

在治理结构方面，社员代表大会作为最高权力机构，负责重大决策；设经理、监事长各 1 名，分别承担经营管理与监督职能。经理全面负责社员入社审核、贷款管理、财务管理等日常运营事务；监事会直接为社员代表大会服务，监督组织经营活动合规性。根据章程规定，经理任职期间不得退出其入股资金，以强化利益绑定与责任约束。此外，该社还配备会计、出纳、信贷员等 4 名专职工作人员，保障业务正常运转。

6.5.3 兴乐农村资金互助社运行机制解析

雨润镇地处青海省东部农业区，受自然条件制约，种植业在青海农村经济体系中占比有限，农户经营规模普遍较小，地方经济基础薄弱。在此背景下，当地农户的资金需求呈现“小、短、急、频”特征，对小额微型贷款存在强烈需求。

在兴乐农村资金互助社的设立过程中，乐都区政府发挥主导推动作用，海东银监分局提供政策指导支持。该社秉持合作金融互助精神，依托对本地农户信息的深度了解，充分发挥低成本优势，精准匹配农户小额贷款需求。同时，通过构建严格的贷款偿还机制，引导借款农户按期履约，逐步建立长期稳定的信用关系，为持续深化金融合作奠定基础。

6.5.3.1 资金筹集

农村资金互助组织生存和发展的基础就是资金，因此筹集资金成为资金的融通起点。《农村资金互助社管理暂行规定》第四十一条规定，农村资金互助组织的资金来源主要涵盖社员存款、社会捐赠以及从其他银行业金融机构融入的资金，由此可将资金筹措方式划分为内部与外部两大类别。

（1）内部筹措

内部筹措主要依赖社员入社时缴纳的股金以及吸收的社员存款，这使得社员在组织中兼具资金供给者与资金需求者的双重身份。在资金筹集阶段，社员投入的股金与日常存款构成了农村资金互助社的自筹资金，成为组织内部资金的核心来源。以兴乐农村资金互助社为例（见图 6-3），2009—2013 年，该社股金从 42.03 万元增长至 56.69 万元。对比贷款余额与资本总额的增长率，贷款余额环比增长率远高于资本总额增长率，这清晰表明多数农户加入互助社的主要动机是获取贷款，而非追求入股收益。不过，同期存款余额从 266.66 万元攀升至 751.54 万元，充分反映出本地农户对兴乐农村资金互助社的信任，愿意将闲置资金存入这一“家门口的小银行”。互助社则借此汇集资金，为有需求的社员提供支持，同时也为储户实现了资金的时间价值。

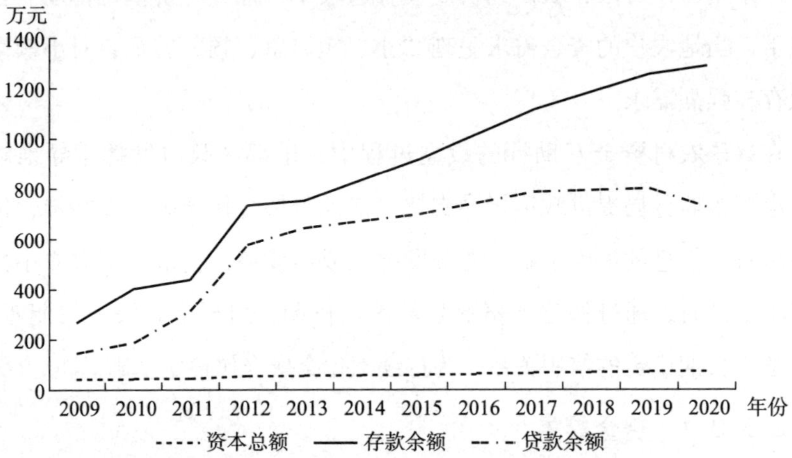

图 6-3 2009—2020 年兴乐农村资金互助社资本总额及存贷款余额

资料来源：调研所得数据。

尽管内部筹措是农村资金互助组织的重要资金来源，但实际效用存在明显局限。小型村镇的农民资金储备有限，且多数社员入股仅是为获取贷款资格，入股后便不再追加投资或存款。这种状况导致内部筹措难以满足组织可持续发展所需的资金规模。

（2）外部筹措

外部筹措的资金主要来源于社会捐赠和其他金融机构融资。兴乐农村资金互助社自 2007 年成立以来，共获得 7.5 万元政府补贴，其中 2.5 万元来自中央财政，5 万元由县财政局拨付用于开业时购置办公设备，此后再未获得其他社会捐赠。因此，从其他金融机构融入资金成为其获取外部资源的关键途径。该社虽与县农村信用联社签订战略合作协议，得以融入资金缓解资金紧张，但由于双方业务存在重合，信用社交往态度谨慎，合作难以深入。

社会捐赠的不确定性使其无法成为稳定的资金来源，且可能滋生内部寻租等行为，背离互助合作的宗旨。相较之下，从银行业金融机构融资成为农村资金互助组织获取外部资金的主要渠道。尽管国家通过一系列政策文件推动金融资源向“三农”领域倾斜，中国人民银行和银监会也出台引导政策，但农村资金互助组织的非营利属性、小额贷款模式以及缺乏有效担保物等因素，使得商业金融机构对其贷款持谨慎态度。不过，若能将农村资金互助组织打造成正规金融机构与农户之间的桥梁，通过批发转贷的模式运作，一方面可填补互助组织的资金缺口，另一方面银行也能借助其信息优势降低贷款成本与信用风险，最终提升农户从正规渠道获取贷款的便利性与可得性。

6.5.3.2 资金运用

农村资金互助组织的资金运用以社员贷款为主。《农村资金互助社管理暂行规定》明确将其投融资活动严格限定于入股社员范围，严禁向非社员吸纳或投放资金，以此构建风险防控的基本框架。同时，组织严格执行资金投放限额管理制度，遵循“小额、分散”原则。具体而言，《农村资金互助社管理暂行规定》要求“单一社员发放的贷款总额不得超过资本净额的15%；对单一农村小微企业及其关联企业社员、单一农民社员及其在同一户口簿上的其他社员贷款总额不得超过资本净额的20%”。

兴乐农村资金互助社在资金运用上形成了自身特色。小额贷款采用信用贷款模式，其中3000元以下、期限5日之内的小额贷款免息，10000元以下小额贷款可随贷随取；针对20万元以上的大额贷款，则实行大额联保机制，当社员出现违约时，由担保人共同承担还款责任。然而，在发展历程中，该社曾出现违规放贷情况：单笔最大贷款金额占资本净额的82.64%，超出规定限额67.64%；前十大户贷款余额占资本净额的290.19%，超规定比例240.19%。此类现象暴露出农村资金互助组织在专业金融知识储备与贷款风险防控意识上的严重不足，对组织的稳健经营构成威胁。

在资金用途方面，兴乐农村资金互助社以支持农业生产及相关项目为核心，重点扶持当地特色种植业，并积极延伸至产业链上下游行业。无论是农户种植季所需的化肥、农机购置，还是农村运输业发展，都能及时获得贷款支持。此外，小部分资金也用于满足社员医疗、就学、婚丧嫁娶等生活性需求，切实改善了本地农民的生产生活条件，助力农民增收。从贷款规模来看，该社主要提供小额信用贷款，2009—2013 年，年贷款发生总数从 272 笔增长至 298 笔，充分彰显了其普惠金融属性。

在贷款利率设定上，受国家利率政策约束，农村资金互助组织需遵循相关规定。依据银监会和中国人民银行文件要求，贷款利率实行下限管理，最低不得低于中国人民银行公布的同类同期贷款基准利率的 0.9 倍，具体利率则由组织自主确定。由于我国尚未出台专门针对农村资金互助组织的贷款定价法律，目前主要参照司法机关对民间借贷利率的规定，即年利率不得超过 36%，超出部分不受法律保护。以 2013 年为例，兴乐农村资金互助社一年期贷款利率为 12%，较中国人民银行同期贷款基准利率（6%）翻倍，在调研样本中处于中游水平。

6.5.3.3 利润分配

兴乐农村资金互助社采用二次分配模式进行利润分配，社员收益主要来源于按股金和交易量的综合分配。组织会留存部分未分配利润纳入社员积累，并按股金份额量化至每位社员。年终结算时，除去留存利润，剩余部分按照 50%依据股金额、50%依据社员存贷款交易额度的比例，分配给股东社员。这种惠顾返还机制形成了双向激励：既鼓励社员增加股金投入，又推动社员扩大存贷款业务量，促进社员与组织的深度合作。

近年来，随着兴乐农村资金互助社业务规模持续扩张、经营管理日趋规范，其已实现自主建设办公及营业用房，为未来可持续发展奠定了坚实的物质基础，也展现出利润分配机制对组织发展的积极推动作用。

兴乐农村资金互助社的运行机制如图 6-4 所示。

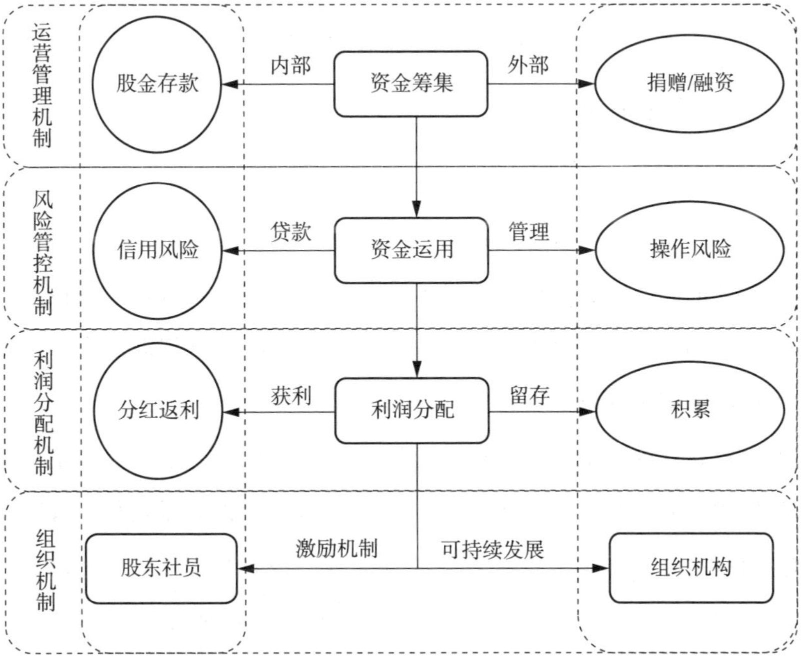

图 6-4 兴乐农村资金互助社的运行机制

6.5.3.4 激励与约束

农村资金互助组织构建了以信用表现为核心的动态奖惩机制，通过差异化信贷策略实现对守信者的激励与对违约者的约束。组织通常会先向社员提供小额贷款，若社员还款记录良好，则逐步提升其信用额度；反之则立即停止贷款。此外，依托农村社会规范，违约者还将面临来自邻里的舆论压力等社区惩罚。当前，建立成员个人信用档案已成为农村资金互助组织的普遍做法，针对不良信用记录者，组织将对其采取降低信贷额度、暂停贷款、除名等措施，情节严重者甚至会被追究法律责任；而对于信用良好的社员，则以提高借款额度作为奖励。

以兴乐农村资金互助社为例，该社对贷款记录优良的社员，给予利息的 10%作为交易返还，且允许连续 3 年无违约记录的社员支取该奖励；对于违约者，不仅下调授信金额，还将贷款利率上浮 10%作为惩戒。由于加入互助组织的农户多为农村低收入群体，难以从其他正规金融机构获取贷款，因此他们十分珍视融资机会，违约意愿较低。

6.5.3.5 风险控制

（1）信用风险控制

信用风险是农村资金互助社面临的首要风险。鉴于服务对象的特殊性及农业产业的弱质性，其信用风险评估与控制手段显著区别于其他金融机构，更注重切合农民实际需求。有效控制信用风险需从根源出发，通过强化约束机制、完善内外部监督体系，降低风险发生概率。

农村资金互助组织主要依托农村社会网络、社会规范及社群信任，对贷款人形成全方位监督，以此抑制社员道德风险。以兴乐农村资金互助社为例，2009—2013 年其贷款回收率波动明显，分别为 176.46%、146.13%、68.73%、51.10%、124.63%。其中，2011—2012 年回收率显著下降，主要因某企业社员扩建导致资金链断裂，无法按期还款；其余年份回收率均超过 100%，显示出组织在正常情况下较强的资金周转能力。

（2）操作风险控制

在资金运用环节，兴乐农村资金互助社面临的主要风险为操作风险，这一问题在组织发展历程中尤为突出。2007 年，该社成立仅 3 个月，存贷比高达 336%，超出规定指标 256 个百分点，资金支付风险严峻；2010 年，最大单户贷款余额占资本净额的 82.64%，远超《农村资金互助社管理暂行规定》的上限，贷款集中度风险显著。此类问题的根源在于管理人员金融专业知识匮乏、风险意识薄弱。因此，提升管理人员的专业素养和风险管理能力，是降低操作风险的关键路径。

6.5.4 兴乐农村资金互助社运行机制中所存在的问题

兴乐农村资金互助社作为我国首批获批设立的乡镇级农村合作金融组织，历经多年发展已具备一定规模，在推动地方经济、助力低收入农户和农村小微企业融资等方面发挥了积极作用。然而，其发展过程中仍暴露出诸多亟待解决的问题。

第一，股权结构失衡与治理隐患。兴乐农村资金互助社前两大自然人股东各出资 10 万元，初始持股比例高达 27.8%，明显违反《农村资金互助社管理暂行规定》中单个社员持股比例不得超过股金总额 10%的规定。截至 2013 年底，该社实收资本增至 56.69 万元，前两大股东持股比重仍分别维持在 17.64%，合计占比达 35.28%，股权高度集中。这种股权结构导致大股东掌控组织决策主导权，进而极易滋生利益输送行为。例如，大股东可能凭借控制权获取优先贷款权，在贷款额度、期限、利率等方面谋取私利，这会严重损害小股东权益，背离农村合作金融平等互助的本质。因此，优化互助社治理结构需严格限制大股东持股比例，完善权力制衡机制，强化内外部监督，切实保障中小社员的合法权益。

第二，资金来源受限与发展瓶颈。兴乐农村资金互助社所处地区与我国多数农村类似，金融供需矛盾突出，农户资金需求远高于供给。在资金筹措方面，内部社员资金供给有限，外部融资渠道不畅，难以满足社员贷款需求和组织运营需要。一方面，当地经济发展水平较低，社会闲置资金匮乏，制约了内部资金积累；另一方面，涉农领域高风险、低收益的特性，使得商业金融机构对农村金融市场持谨慎态度，而国家及地方政府尚未出台针对性扶持政策，导致互助社与正规金融机构的融资对接机制缺位，外部资金获取严重不足，成为阻碍组织发展的关键因素。

第三，风险控制薄弱与执行漏洞。尽管农村社会规范和信任为兴乐农村资金互助社提供了一定的风险防控基础，但这种“软约束”难以替代专业化的风险控制机制。在实际运营中，组织风险控制存在多重问题：一是贷款结构失衡，单一社员贷款额度超限，反映出信贷风险评估与管理的严重缺失；二是管理人员和从业人员金融专业知识匮乏，对风险认识不足，未能严格执行章程规定，缺乏专职信贷管理团队和风险防范经验。这些问题导致组织风险控制机制在实践中流于形成，亟待通过专业培训和制度的完善加以改进。

第四，合作原则弱化与发展方向偏移。兴乐农村资金互助社成立不足10年，已显现出偏离合作金融本质的倾向，贷款业务逐渐向资金需求量大的农村中小企业倾斜，暴露出逐利化倾向。历史经验表明，合作金融的核心价值在于成员之间的互惠互助。作为本土生长的合作金融组织，兴乐农村资金互助社需在发展初期坚守合作制原则，扎根农村市场，服务社员需求，避免因过度追求经济效益而丧失组织的社会属性和生存土壤。

6.6 本章小结

通过对农村资金互助组织运行机制的系统分析可知，其由组织机制、运营管理机制、风险管控机制和利润分配机制构成有机整体。以兴乐农村资金互助社为例，其运行机制在实践中展现出独特优势：基于“人合”与“资合”相结合的属性，有效降低和减少了信息不对称引发的道德风险和逆向选择问题，与商业银行单纯追求资本回报形成鲜明对比。

然而，即使作为正规金融组织，兴乐农村资金互助社在实际运营中也面临股权结构不合理、资金来源单一、风险控制薄弱、合作原则弱化等诸多挑战。未来发展中，农村资金互助组织需以坚持互助合作原则为核心，通过完善治理结构、拓宽融资渠道、强化风险管控等措施，不断优化运行机制，确保组织在服务“三农”的道路上行稳致远。

7

农村资金互助组织运行效率分析

世界各国的金融发展历程显示，合作金融始终是农村金融体系的核心力量，长期以来在破解低收入农村群体融资难题、推动农业经济发展以及促进农民增收等方面发挥着不可替代的重要作用。自 2007 年起，农村资金互助组织作为我国农村金融改革与合作金融创新的实践成果应运而生。王玮、何广文（2008）以及谢勇模、姜柏林（2009）研究指出，以农户和小企业为服务对象的农村资金互助组织，高度契合我国农村分散的生产关系特征，精准匹配农户与农村小微企业的融资需求，是应对我国农村小额贷款市场高度分散现状的有效模式。这类组织秉承“我为人人、人人为我”的互助理念，旨在通过成员间的互帮互助实现自我服务与发展。

然而，在各类金融机构竞相拓展小额贷款业务、移动端手机小额贷款迅速普及的背景下，农村资金互助组织面临着如何实现可持续发展的严峻挑战。运行机制是组织效率的基础，效率是运行机制有效性的直观体现。当前，我国农村资金互助组织尚处于发展初期，深入分析其运行机制与运行效率，不仅有助于全面评估其运营能力与经营管理水平，更能为其优化资源配置、提升发展绩效提供重要依据，对推动农村资金互助组织长远发展具有关键意义。

7.1 农村资金互助组织运行效率

在不同学科领域，“效率”的概念虽表述各异，但其核心均指向产出与投入的比率关系。本书聚焦的农村资金互助组织运行效率，是指在特定时间维度下，在技术水平与资源存量既定的条件下，组织运行过程中各类投入要素与产出成果之间的量化比率。效率测度旨在通过资源的优化配置与高效利用，实现产出最大化，其本质是对组织运行各环节协同质量与运转效率的微观层面评估。

值得注意的是，单纯依赖财务数据对农村资金互助组织进行效率评估存在显著局限性。这类组织承载着服务“三农”、促进社会公平的特殊使命，若仅以财务指标衡量，难免导致片面评价。因此，本研究在选取产出指标时，创新性地引入“社员人均贷款发生率”，该指标能够直观反映社员获取融资的便利程度，精准体现农村资金互助组织在社会扶助领域的实际效能。

7.2 运行效率的主要测度方法及比较

经济效率的测度方法主要可归纳为指标分析法与前沿分析法两类。

指标分析法通过将抽象的研究对象依据本质属性进行结构化拆解，转化为可量化、可操作的指标体系，通常需要为各指标赋予权重。在宏观经济研究中，该方法基于大量样本观察与分组统计，能够有效排除偶然因素干扰，精准剖析经济现象的规模特征，揭示决定性因素的作用机制；在微观企业分析层面，该方法可借助财务报表数据，计算反映企业财务状况与经营水平的关键指标。指标分析法的优势在于数据获取便捷、结论直观易懂，但因其侧重现象描述与结果呈现，对指标背后的深层逻辑解释力不足，存在一定的分析局限性。

前沿分析法是近年来广泛应用的效率测度手段。与传统生产函数仅反映投入要素和平均产出关系不同，前沿生产函数聚焦于既定投入下的最大产出潜力（史君卿等，2008）。1957 年，英国经济学家 Farrell M. J. 将经济效率细分为技术效率与配置效率，并开创性地提出利用前沿生产函数测度技术效率。其中，技术效率衡量企业在现有技术条件下，实际投入与最小理论投入的比率，反映企业控制成本与逼近生产前沿的能力；配置效率则体现企业优化投入要素组合、实现产品最优产出的水平。由于技术效率能直接反映技术利用程度，为生产改进提供明确方向，故而成为经济效率研究的核心。然而，现实中多数企业受技术、管理等多重因素制约，难以达到生产可能性前沿的最优状态。

前沿生产函数的估计方法主要分为参数法与非参数法。参数法（统计法）借助计量模型对生产函数参数进行估计，进而测定技术效率；非参数法（数学规划法）则通过线性规划构建生产前沿面，以此为基础评估技术效率。两种方法各有优劣，为不同情境下的效率分析提供了多样化选择。

7.2.1 参数法和非参数法比较

参数法的核心在于通过对生产函数的估计，揭示企业生产过程的内在机制，进而预估技术效率。由于不同的误差项分布假设，需采用不同技术方法对生产函数参数进行估计。该方法的显著优势在于，能够通过函数模型直观展现生产过程，为技术效率评估提供量化依据。然而，参数法存在明显的局限性：首先，需预先假定投入产出函数形式，这使得模型难以区分设定偏误与实际生产的非效率性；其次，在数据处理过程中，需要进行量纲转化并人为赋予权重，导致结果存在主观性；一旦模型假设与实际情况不符，将严重影响测算精度，甚至导致整个分析失效。

非参数法无须对生产函数形式作出预先假定，也无须建立严格的投入产出函数关系，而是基于数据特征推测回归曲面。这种方法无须依赖先验知识，避免了量纲转化和替代数据带来的估计误差，且对样本数量要求较低，便于检验分析。其优势在于摆脱了对效率前沿函数形式和无效率分布的假设约束。但非参数法也存在不足：以 DEA 为例，该方法仅能测度技术效率，无法剔除随机扰动误差的影响；样本中的异常观测值（无论是由测量误差还是由特殊事件所导致）会显著影响效率前沿面，进而扭曲效率评估结果。通常情况下，非参数法测算的企业效率值相对偏低，且标准差偏大。

总体而言，非参数法在效率前沿函数未确定的情况下评估样本效率，而参数法则基于确定的函数形式展开分析。目前学术界尚未就最优前沿分析方法达成共识，更多研究聚焦于方法的优缺点探讨与优化。前沿分析法的发展趋势表现为：在参数法中引入更加灵活的生产函数形式以提升测量精度；在非参数法中纳入随机误差项，弥补其固有缺陷。相关研究表明，尽管参数法与非参数法所得效率值存在差异，但效率变化趋势基本一致（万阿俊，2011），这印证了两种方法在研究结果上具有一致性和稳健性。

在非参数法中，DEA 应用最为广泛。该方法由运筹学家 Charnes 等于 1978 年提出，基于“相对效率评价”理念，用于评估决策单元（Decision Making Unit，DMU）的技术有效性。DEA 在处理多投入多产出问题时具有独特优势：其一，无须明确投入产出的显式关系，减少了主观因素干扰；其二，以决策单元的投入产出权数为变量进行评价，避免了指标权重设定的主观性。

7.2.2 DEA 测算模型与方法

7.2.2.1 DEA 测算模型

DEA 是应用最广泛的非参数前沿效率分析方法。它以相对效率为核心，运用线性规划构建非参数前沿，用于评估具有相似投入产出特征的 DMU 的有效性。使用 DEA 方法无须预先设定生产系统的投入产出关系，摆脱了函数形式和参数估计的限制。其基本原理是通过线性规划划分有效样本与非有效样本的“边界”，由有效生产的 DMU 线性组合构成分段超平面，以此确定有效生产前沿面，并根据各 DMU 与前沿面的距离评估相对效率。通过投影方法，还可进一步分析 DMU 改进的方向与程度。

1978 年，Charnes、Cooper 和 Rhodes 提出了基于固定规模收益（Constant Returns to Scale，CRS）假设的投入导向型 CCR 模型。1984 年，

Banker、Charnes 和 Cooper 在此基础上发展出可变规模收益（Variable Returns to Scale，VRS）的 BCC 模型。CCR 模型适用于规模报酬固定的场景，能够同时评估 DMU 的规模效率和技术效率，即 CCR 模型下的有效 DMU 意味着其规模和技术均处于最优状态。而 BCC 模型假定规模报酬可变，仅计算技术效率，排除了规模效率的影响，其评估的 DEA 有效决策单元表示已充分发挥现有技术水平。

假设 m 个同类 DMU，有 n 种投入和 p 种产出，每个 DMU 由投入—产出矢量（X，Y）来表示。为确定各 DMU 的效率得分，将一组由同类 DMU 效率的线性组 $\mathrm{DMU}_{\mathrm{p}}$进行比较，以确定每个 DMU 的效率得分。由于每一组 DMU 并非都位于有效生产前沿面上，所以定义一组矢量 $\hat{\alpha}=(\alpha_1, \cdots, \alpha_m)$，此处第 α_j 代表第 j 个 DMU 在同类组中的权重。DEA 被设置成计算每个决策单元的相对效率最大化数值，这使得以此种方式所获得的权重集相对抽样中所有其他决策单元的约束来说同样可行。通过数学规划公式可以完成效率数值的计算，其目的是决定 λ 的最大值。CRS 的技术效率计算方法如下：

$$\underset{\mathrm{st\ C}}{TE} = \max\alpha\lambda^0$$

$$\sum_{j=1}^{m} \alpha_j y_{ij} \geqslant \lambda_{yi}^0, \quad i = 1, \cdots, n \tag{7-1}$$

$$\sum_{j=1}^{m} \alpha_j x_{ij} \leqslant x_r^0, \quad r = 1, \cdots, s$$

VRS 的技术效率计算方法如下：

$$\underset{\mathrm{st\ V}}{TE} = \max\alpha\lambda^0$$

$$\sum_{j=1}^{m} \alpha_j y_{ij} \geqslant \lambda_{yi}^0, \quad i = 1, \cdots, n$$

$$\sum_{j-1}^{m} \alpha_j x_{ij} \leqslant x_r^0, \quad r = 1, \cdots, s \tag{7-2}$$

$$\sum_{j=1}^{m} \alpha_j = 1$$

通过确定对偶形式计算其效率数值，这种对偶形式的优势在于能够在产出约束变量不变的情况下力求投入最小，或者在不变投入情况下求最大产出的方法来确定。如在产出取向的模型中，数值通过如下公式进行计算：

$$\min_{st} c_r t_i H_0 = \frac{\sum_i t_i y_{i0}}{\sum_r c_r y_{r0}}$$

$$\frac{\sum_i t_i x_{ij}}{\sum_r c_r y_{rj}} \geqslant 1,\ j = 1,\ \cdots,\ n \tag{7-3}$$

$$c_r,\ t_i > 0,\ r = 1,\ \cdots,\ s,\ i = 1,\ \cdots,\ m$$

其中，c_r 和 t_i 分别表示产出变量和投入变量的权重，当且仅当该比率为 1 时，一个决策单元才有效率，否则就被认为相对无效。

7.2.2.2 DEA 方法

DEA 方法凭借其独特优势，在多投入多产出的复杂系统评估中占据重要地位。该方法通过线性规划构建确定性的无参数效率前沿，摒弃传统“预设函数”模式，转而采用“非预设生产函数”，从根源上规避了函数设定偏误问题。在实际分析过程中，DEA 无须计算综合投入量与综合产出量，有效解决了不同量纲变量同度量及替代数据估计误差等问题。尤为突出的是，DEA 测算所得的技术效率能够精准定位效率欠佳决策单元与最佳决策单元在产出项目上的差距，为效率改进提供明确路径。不过，该方法也存在局限性，即未将随机扰动误差纳入考量范围。

根据研究视角的差异，DEA 方法可分为投入导向型和产出导向型。投入导向模式旨在在既定产出水平下，实现投入要素的最小化配置；产出导向模式则聚焦于在固定投入条件下，追求产出的最大化。

本章将运用 DEA 方法对农村资金互助组织的运行效率进行评估，并假设规模报酬可变。鉴于 BCC（投入导向）模型以投入分析为主，适用于测算农村资金互助组织在产出既定时要素投入的缩减比例，故选用该模型衡量组织运行效率。在投入—产出分析框架下，效率可细分为综合技术效率、纯技术效率和规模效率。

综合技术效率：反映决策单元在既定产出下，依据生产函数实现投入要素最优配比的能力。

纯技术效率：体现管理水平、技术应用等因素对生产效率的影响，衡量决策单元在现有技术条件下的资源利用效率。

规模效率：揭示组织规模变动对成本与收益的影响，即实际规模与最优生产规模的契合程度。

三者关系可表示为：综合技术效率=纯技术效率×规模效率，效率值均分布于［0，1］区间。当决策单元在现有技术与管理条件下，实现投入资源的高效利用时，纯技术效率为1；若其资源投入规模达到样本中的最优水平，规模效率为1；只有当技术与规模均处于有效状态，即资源配置与使用效率均达最佳时，综合技术效率才等于1。

7.3 数据说明与指标选取

7.3.1 数据说明

本书围绕农村资金互助组织的微观特征、管理控制及运行机制展开系统性梳理。为全面剖析我国农村资金互助组织的发展现状与影响因素，研究选取东、中、西部9个经济发展水平各异的省区作为样本区域。样本筛选严格遵循《农村资金互助社管理暂行规定》与《农村资金互助社示范章程》，采用分层随机抽样法，确保样本在地理分布上兼具广泛性与代表性。

从区域经济与金融发展特点来看，东部和中部地区农业经济发达，农村非正规金融发展较为充分，因此非正规农村资金互助组织的样本数量相对较多；而西部地区由于政策扶持力度大，正规农村资金互助组织的样本占比更高。

本书以预调研为基础优化调研表，于 2014 年 3—9 月开展实地调研。此次调研得到北京农信之家咨询中心及其基层合作单位的支持。为满足 DEA 效率分析要求并确保数据的完整性，样本限定为成立半年以上且已实现盈利的农村资金互助组织，统一采用截至 2013 年底的自然年度数据。调研内容涵盖财务数据、股东社员信息及负责人情况等，并通过访谈了解组织经营策略、风险控制措施、政策认知及发展困境。经筛选，剔除数据缺失、失真及亏损的 5 个样本，最终确定 31 个有效样本用于研究。

7.3.2 统计描述

样本组织设立时间跨度为 2007 年 3 月至 2013 年 6 月。地域分布上，东部地区 14 家（占 45.2%）、中部地区 10 家（占 32.3%）、西部地区 7 家（占 22.6%）；金融许可方面，持有银监会金融许可证的正规农村资金互助社 5 家（占 16.1%），无证组织 26 家（占 83.9%）；组织依托情况显示，17 家（占 54.8%）依托农民专业合作社成立，14 家（占 45.2%）独立设立，具体分布详见表 7-1。

表 7-1 样本组织分布统计

类别	选项	样本数量（家）	所占百分比（%）
地域分布	东部	14	45.2
	中部	10	32.3
	西部	7	22.6
金融许可证	无	26	83.9
	有	5	16.1
依托组织	无	14	45.2
	有	17	54.8

资料来源：调研数据。

从样本特征来看，持有金融许可证的 5 家正规农村资金互助社平均社龄为 4.1 年，显著高于无证组织的 1.99 年。其中 14 家农村资金互助社于

2011 年后设立，印证了党的十七届三中全会“鼓励发展适合农村特点和需要的特种微型金融服务”及“允许有条件的农民专业合作社开展信用合作”等政策的推动效应。注册资本差异显著：百万元及以下的有 15 家（占 48.4%），100 万~300 万元的有 8 家（占 25.8%），300 万~600 万元的有 2 家（占 6.5%），600 万~900 万元的有 5 家（占 16.1%），900 万元以上的有 1 家（占 3.2%），平均注册资本值高达 272.86 万元，比《农村资金互助社管理暂行规定》中要求村级 10 万元、乡（镇）级 30 万元高出数倍至数十倍（见表 7-2）。

表 7-2 注册资本统计表

类别	选项（万元）	样本数量（家）	占比（%）
注册资本	≤100	15	48.4
	100 万~300	8	25.8
	300 万~600	2	6.5
	600 万~900	5	16.1
	>900	1	3.2

资料来源：调研数据。

负责人（社长）群体方面，学历结构显示大专及以上学历 10 人（占 32.3%），高中或中专学历 13 人（占 41.9%），初中及以下学历 8 人（占 25.8%）；年龄分布中，31~40 岁 7 人（占 22.6%），41~50 岁 15 人（占 48.4%），51~60 岁 8 人（占 25.8%），60 岁以上 1 人（占 3.2%），具体信息见表7-3。

表 7-3 社长基本情况

类别	选项	样本数量（人）	所占百分比（%）
社长文化程度	本科及以上	2	6.5
	大专	8	25.8
	高中/中专	13	41.9
	初中	7	22.6
	小学及以下	1	3.2

续表

类别	选项	样本数量（人）	所占百分比（%）
社长年龄	60 岁以上	1	3.2
	51~60 岁	8	25.8
	41~50 岁	15	48.4
	31~40 岁	7	22.6

资料来源：调研数据。

7.3.3 指标选取与说明

指标选取的背景：国内学者林乐芬等（2013）运用 DEA 方法测算农民资金互助合作社效率时仅使用财务数据，未考虑社会扶助效用，存在一定片面性。而农村资金互助组织有社会资本优势和社员互惠合作功能，因此本书将社会扶助效用纳入评估框架，引入“社员人均贷款发生率”以更客观、公平地衡量此类组织。

指标选取的方法：借鉴以往学者衡量农村金融机构效率的指标经验，采用中介法并引入资产法进行指标选择。

投入指标：资本净额、营业成本、员工人数和社员人数，从不同角度衡量农村资金互助组织的投入因素。

产出指标：存款规模、贷款规模、利润总额与社员人均贷款发生率。其中，社员人均贷款发生率=年度内贷款发生总笔数÷社员人数，能反映社员从组织获取融资的可得性，从资金存量、融资能力等不同角度衡量组织的产出。投入与产出指标选取见表 7-4。

表 7-4　投入与产出指标选取

类别	变量设定	单位	最小值	最大值	均值	标准差
投入指标	资本净额	万元	1.15	972.70	264.09	310.48
	营业成本	万元	0.57	61.26	24.71	14.17
	员工人数	人	2.00	13.00	5.45	2.08
	社员人数	人	48.00	3744.00	496.45	654.41

续表

类别	变量设定	单位	最小值	最大值	均值	标准差
产出指标	存款规模	万元	18.59	7466.35	1220.93	1623.57
	贷款规模	万元	10.27	4786.67	790.18	1003.76
	利润总额	万元	0.06	102.29	20.13	29.40
	社员人均贷款发生率	—	0.10	1.73	0.81	0.44

7.4 农村资金互助组织运行效率实证分析

7.4.1 DEA 估计结果

本章使用 DEAP 2.1 软件对研究样本进行计算与测度。对样本进行分类：总览得到所有样本的 DEA 结果；资金规模按照 500 万元以下、500 万~1000 万元和 1000 万元以上分为三类，以此来衡量不同资金存量下各组织运行效率的差异；模式 1 按照有无金融许可证区分二者差异；模式 2 将有无依托农民专业合作社分为两组进行效率的比较。计算结果分别为综合技术效率（TE）、纯技术效率（PTE）和规模效率（SE），结果见表 7-5。

表 7-5 农村资金互助组织运行效率

分类	范围	样本数（家）	TE	PTE	SE
总览	样本涉及区域	31	0.600	0.723	0.783
资金规模	500 万元以下	12	0.453	0.653	0.632
	500 万~1000 万元	9	0.557	0.669	0.814
	1000 万元以上	10	0.817	0.855	0.936
模式 1	有金融许可证	5	0.746	0.817	0.905
	无金融许可证	26	0.573	0.705	0.760
模式 2	有依托组织	17	0.550	0.675	0.756
	无依托组织	14	0.662	0.781	0.816

7.4.2 效率结果分析

（1）平均运行效率情况

样本农村资金互助组织平均运行效率偏低，主要源于多数组织在管理技能、技术水平以及资金规模等方面处于较低层次，与高效组织存在较大差距，使得平均效率值仅为0.600。从存款规模分层的综合技术效率来看，其增长是纯技术效率（0.653、0.669、0.855）和规模效率（0.632、0.814、0.936）叠加的结果。纯技术效率逐步提升，规模效率也呈上升趋势，这表明经营货币的组织具有规模化的内在需求。随着资金规模扩大，农村资金互助组织须具备更审慎的管理机制和更高的管理水平，以应对潜在风险。

（2）按有无金融许可证分类的效率分析

依据有无金融许可证的组建模式分类计算，正规农村资金互助社的综合技术效率、纯技术效率和规模效率分别为0.746、0.817和0.905，相较于无金融许可证的非正规农村资金互助组织，分别具有0.173、0.112、0.145的优势。这表明农村资金互助社获得银监会颁发的金融许可证后，被纳入制度框架，以正规金融形式存在于农村金融体系中。尽管面临严格监管，但同时获得了隐性的国家信用担保。《农村资金互助社管理暂行规定》对其内部经营管理要求更为严格，管理水平相对较高，从而提升了公信度，获得更多农民认可。

（3）按有无依托组织分类的效率分析

按照有无依托组织的组建模式分类计算，依托农民专业合作社的农村资金互助组织，其综合技术效率、纯技术效率和规模效率分别为0.550、0.675和0.756，而无依托组织的相应效率为0.662、0.781、0.816。无农民专业合作背景的互助组织各项指标均高于有依托组织的互助组织。理论上，拥有生产合作基础应在前期资金积累方面具有优势，但实际测算结果显示该类组织运行效率不佳，各项指标较低。从平均资金规模看，无依托组织样本的平均资金规模约为有依托组织的 1.87 倍。这反映出普通农户参与合作金融的意愿强烈，同时也表明农村民间资本需要合理的引导机制，以指明投融资方向。

7.5 农村资金互助组织效率影响因素分析

从上述分析可知，金融许可证和依托组织这两个因素对农村资金互助组织的运行效率有关键影响，这一结论与邵传林（2010）和王刚贞（2012）的研究结果一致。若要深入探究这两个因素对综合技术效率、纯技术效率以及规模效率的影响程度与作用机制，则需构建回归模型进行计量分析。具体回归模型如公式（7-4）所示：

$$y_i = \beta_0 + \beta_1 depen + \beta_2 certi + \sum \beta_i x_i + u_i \tag{7-4}$$

其中，y_i 表示被解释变量。$depen$ 表示依托组织，当 $depen=0$ 时，表示没有依托组织背景；当 $depen=1$ 时，表示有依托组织基础。$certi$ 表示是否拥有金融许可证，当 $certi=0$ 时，表示没有金融许可；当 $certi=1$ 时，表示拥有金融许可。即当存在依托组织或金融许可证时，令变量为 1；没有依托组织或没有许可证时，令变量为 0。x_i 表示控制变量，主要选择的控制变量有贷款余额、利润总额等；u_i 为随机干扰项，代表其他影响因素。

值得关注的是样本数据呈现的特征：在金融许可与依托组织的样本中，未出现同时具备金融许可证和农民专业合作社背景的情况。也就是说，拥有金融许可证的农村资金互助组织均不依托合作社设立，而依托合作社组建的互助组织均未取得金融许可证，尚未纳入正规金融体系。

这一现象的主要原因在于农村资金互助组织的审批依据是“计划准入”而非“市场准入”（谢勇模，2009）。2012 年银监会暂停农村资金互助社审批后，国家转而出台政策，允许有条件的农民专业合作社开展资金互助。由于正规互助社审批停滞且样本可获得性有限，导致上述交叉样本缺失。

本节被解释变量为综合技术效率（$crste_i$）、纯技术效率（$vrste_i$）和规模效率（$scale_i$），具体对应的模型如下：

$$crste_i = \beta_0 + \beta_1 depen(certi) + \sum \beta_i x_i + u_i \quad (7-5)$$

$$vrste_i = \beta_0 + \beta_1 depen(certi) + \sum \beta_i x_i + u_i \quad (7-6)$$

$$scale_i = \beta_0 + \beta_1 depen(certi) + \sum \beta_i x_i + u_i \quad (7-7)$$

综合技术效率主要反映农村资金互助组织对现有各种资源的使用效率，属于综合评价指标；纯技术效率主要是互助组织的内部经营管理、人力资源和技术应用等技术性因素的影响效果；规模效率则表明规模因素对该组织影响下的效率值。此处综合技术效率、纯技术效率和规模效率的数据均来自 7. 4 节计算结果。

（1）金融许可证与依托组织对综合技术效率的影响

运用 Eviews 7. 0 软件展开分析，关于综合技术效率的影响因素分析结果见表 7-6。

表 7-6　综合技术效率的影响因素分析

变量	金融许可证			依托组织		
	模型一	模型二	模型三	模型四	模型五	模型六
Log（*deb*）	0. 112 (0. 552)	0. 114 (0. 072)	0. 044 (0. 059)	−0. 210 (0. 570)	−0. 230 (0. 576)	
Log（*vol*）	0. 006 (0. 554)			0. 372 (0. 571)	0. 400 (0. 577)	0. 172** (0. 076)
Pro.	0. 005** (0. 002)	0. 006*** (0. 002)	0. 006*** (0. 002)	0. 004* (0. 002)	0. 004** (0. 002)	0. 004** (0. 002)
Cos.	−0. 011 (0. 007)	−0. 012* (0. 006)	−0. 006 (0. 005)	−0. 010 (0. 007)	−0. 012* (0. 007)	−0. 013** (0. 006)
Pop.	0. 000 (0. 000)			0. 000 (0. 000)		
Rat.	−0. 517 (1. 131)	−0. 594 (0. 376)		−0. 854 (1. 173)	−0. 951 (1. 184)	−0. 505 (0. 382)

续表

变量	金融许可证			依托组织		
	模型一	模型二	模型三	模型四	模型五	模型六
Cer.	0.261* (0.145)	0.316** (0.133)	0.279** (0.135)			
Dep.				−0.151 (0.099)	−0.190* (0.095)	−0.184* (0.092)
Con.	0.443 (0.978)	0.458* (0.264)	0.325 (0.257)	0.660 (1.007)	0.663 (1.019)	0.270 (0.258)

注：①***、**与*分别表示在1%、5%与10%的水平上显著；②括号内为标准误。

具体来看金融许可证（*Cer.*）对综合技术效率的影响。模型一在控制贷款（*deb.*）、存款（*vol.*）、利润（*Pro.*）、成本（*Cos.*）、人口密度（*Pop.*）和存贷款比（*Rat.*）等因素的情况下得出相应结果，数据表明，拥有金融许可证对综合技术效率的边际效应为0.261，并且该作用在10%的水平上显著。

为了进一步研究结果的可靠性，模型二和模型三在控制贷款、利润、成本、存贷款比等因素后进行分析。结果显示，金融许可证对综合技术效率的边际效应分别为0.316及0.279，且这两个作用值均在5%的水平上具有统计学意义。这充分表明，拥有金融许可证对农村资金互助组织的综合技术效率能够起到正向的促进作用。

研究有无依托组织（*Dep.*）背景对农村资金互助组织综合技术效率的影响时，具体情况如下：模型四在综合控制贷款、存款、利润、成本、人口密度和存贷款比等因素后，结果显示依托组织对综合技术效率的边际效应为−0.151，然而该影响并不显著。

为了更深入探究，剔除统计上不显著的变量后，模型五和模型六的分析结果分别为−0.190和−0.184，且这两个结果均在10%的水平上显著。这一结果从整体上表明，依托组织对农村资金互助组织的综合技术效率呈现抑制作用。

（2）金融许可证与依托组织对纯技术效率的影响

基于上述对金融许可证与依托组织影响农村资金互助组织综合技术效率的分析，本部分进一步探究二者对纯技术效率的作用程度，回归分析具体结果详见表 7-7。

表 7-7　纯技术效率的影响因素分析

变量	金融许可证			依托组织		
	模型一	模型二	模型三	模型四	模型五	模型六
Log（*deb*）	0.213 (0.401)	0.176 (0.415)		0.424 (0.402)	0.109* (0.054)	0.117** (0.056)
Log（*vol*）	−0.142 (0.402)	−0.109 (0.417)	0.066 (0.055)	−0.317 (0.401)		
Pro.	0.004** (0.002)	0.004*** (0.001)	0.004*** (0.001)	0.002* (0.001)	0.002* (0.001)	0.003** (0.001)
Cos.	−0.008 (0.005)	−0.010** (0.005)	−0.010** (0.005)	−0.008* (0.005)	−0.009** (0.005)	−0.011** (0.005)
Pop.	0.000 (0.000)			0.000* (0.000)	0.000* (0.000)	
Rat.	−0.582 (0.821)	−0.592 (0.852)	−0.246 (0.233)	−0.879 (0.826)	−0.263 (0.270)	−0.321 (0.280)
Cer.	0.180* (0.105)	0.242* (0.102)	0.245** (0.100)			
Dep.				−0.132** (0.069)	−0.123* (0.068)	−0.162** (0.067)
Con.	0.939 (0.710)	0.888 (0.736)	0.597** (0.257)	1.132 (0.709)	0.591*** (0.182)	0.560*** (0.189)

注：①***、**与*分别表示在1%、5%与10%的水平上显著；②括号内为标准误。

金融许可证对纯技术效率的影响：模型一在控制贷款、存款等变量后，结果显示金融许可证对农村资金互助组织纯技术效率的作用系数为0.180，且在10%的显著水平上通过检验，表明金融许可证能够对纯技术效率具有显著的正向影响。为验证结果稳健性，模型二与模型三剔除不显著变量后再次回归，结果显示金融许可证对纯技术效率的回归系数分别提升至0.242与0.245，且均通过显著性水平检验，与模型一的结论保持一致，进一步证实金融许可证对提升纯技术效率具有积极影响。

依托组织对纯技术效率的影响：通过模型四、模型五、模型六分别控制贷款、存款等变量进行分析，结果表明依托组织对农村资金互助组织纯技术效率的回归系数分别为-0.132、-0.123和-0.162，且均通过显著性检验。这表明依托农民专业合作社对互助组织的纯技术效率存在显著的反向抑制作用，即依托组织背景可能制约互助组织在内部经营管理、技术应用等方面的效率提升。

（3）金融许可证与依托组织对规模效率的影响

在前文已分别剖析金融许可与依托组织对互助组织综合技术效率和纯技术效率影响的基础上，本部分着重考察这两个因素对农村资金互助组织规模效率的影响，具体结果详见表7-8。

表7-8　规模效率的影响因素分析

变量	金融许可证			依托组织		
	模型一	模型二	模型三	模型四	模型五	模型六
Log（*deb*）	-0.358 (0.427)	-0.177 (0.120)	-0.194 (0.115)	-0.204 (0.449)	-0.188 (0.447)	-0.115 (0.116)
Log（*vol*）	0.486 (0.428)	0.308* (0.144)	0.323** (0.141)	0.358 (0.449)	0.346 (0.447)	0.274* (0.144)
Pro.	0.002 (0.002)	0.002 (0.002)	0.003* (0.001)	0.001 (0.002)	0.002 (0.001)	0.002 (0.001)
Cos.	-0.010* (0.005)	-0.010* (0.005)	-0.011** (0.005)	-0.010 (0.005)	-0.011 (0.005)	-0.011** (0.005)
Pop.	0.000 (0.000)	0.000 (0.000)		0.000 (0.000)		
Rat.	0.387 (0.874)			0.211 (0.923)	0.156 (0.918)	
Cer.	0.189 (0.112)	0.189* (0.110)	0.215** (0.102)			
Dep.				-0.080 (0.078)	-0.102 (0.073)	-0.104 (0.071)
Con.	-0.238 (0.756)	0.075 (0.266)	0.050 (0.261)	-0.127 (0.793)	-0.125 (0.790)	0.001 (0.271)

注：①**与*分别表示在5%与10%的水平上显著；②括号内为标准误。

金融许可证对规模效率的影响：模型一在控制贷款、存款等变量后，金融许可证对规模效率的作用值为0.189，然而该作用并不显著。随后，通过剔除不显著变量得到模型二和模型三，此时金融许可证对规模效率的作用分别为0.189和0.215，且均在相应的统计检验下显著，这表明金融许可证在一定程度上能够对规模效率产生正向影响。

依托组织对规模效率的影响：依据模型四、模型五和模型六的估计结果，依托组织对规模效率的边际效应为-0.080、-0.102和-0.104，但这些作用均未通过显著性检验。这意味着尽管从数值上看依托组织对规模效率呈现负向作用，鉴于统计不显著，其影响尚需进一步探讨，可能受到其他未纳入模型的因素干扰，或样本数据特征的限制等。

综合上述分析结果，金融许可证对农村资金互助组织的综合技术效率具有正向促进作用，该作用体现为对纯技术效率和规模效率的双向提升。这一结论与王刚贞（2012）的研究相符，即持有金融许可证使互助组织获得国家认可并纳入正规金融体系，显著增强了组织的公信力与外部声誉。严格的外部监管促使组织强化内部风险控制，加之获批时间早、社龄较长，该类组织逐渐获得社员和农村社区的广泛认为。

因此，相较于国家后续政策下设立的非正规农村资金互助组织，持有金融许可证的组织在管理层面的纯技术效率及组织规模效率方面均具有显著优势。

然而，这一结论与邵传林（2010）的研究结果存在差异。邵传林认为，金融许可证制度对农村资金互助社的硬件设备提出了更高要求，导致成本增加，同时银监部门审慎的监管约束了组织的经营，进而影响其运行效率。与之相对，非正规农村资金互助组织不受经营场所及硬件设备等硬性规定的限制，经营方式更为灵活，成本更低，运行效率相对更高。研究结果差异可能源于：正规组织社龄长，初期固定资产成本逐年分摊，与发展初期的非正规组织相比具备成本优势。但从长期来看，无金融许可证的互助组织运营成本有望逐年下降，技术效率和规模效率有望逐步提升。

此外，依托组织对综合技术效率具有显著抑制作用。这种抑制主要源于依托组织对农村资金互助组织纯技术效率的负面影响，而其对规模效率的抑制作用并不显著。这一结果与王建英和陈东平（2011）的研究结论一致，即技术层面因素对农村资金互助组织的效率影响显著。该抑制作用可能源于组织内部人力资源专业素质不足，高级管理人员经营管理能力欠缺。依托农民专业合作社建立的农村资金互助组织，虽在前期资金积累、社员数量以及信息收集方面具有一定优势，但仅靠专业合作难以显著提升工作人员的专业素质和管理技能。此外，农民专业合作社与农村资金互助组织经营对象的特殊性（货币经营），对专业管理和工作人员提出了更高要求。若依托组织与母合作社的产权、服务边界界定不清，或因产业同质性引发的资金需求冲突，均会影响互助组织的运行效率。因此，对于有依托组织的农村资金互助组织而言，不仅要引进专业人才，提升内部经营管理水平，还需清晰界定与依托组织的产权边界和资金归属，避免因产权和账务问题导致组织运行效率降低。

7.6 本章小结

农村资金互助组织作为一种特殊的农村合作组织形式，兼具社会公平与经济效率的双重目标。对其运行效率的研究，有助于衡量和评价不同类型组织的运行效果，识别高效率组织的特征。

本章基于实际调研数据，首先运用 DEA 方法对农村资金互助组织的运行效率进行测度与分析，随后采用虚拟变量回归模型，实证检验是否持有金融许可证及是否拥有依托农民专业合作社对组织运行效率的影响。研究发现：

第一，样本的整体运行效率与存款规模呈正相关，即存款规模越大，运行效率越高。

第二，持有金融许可证的农村资金互助组织综合技术效率更高，这表明金融许可证赋予的公信力使普通农户对其认可度高于非正规农村资金互助组织。

第三，经测度，依托农民专业合作社组建的互助组织技术效率低于未依托合作社的农村资金互助组织，且在实际运行中，前者依托合作社的制度性优势未能充分体现。

8

农村资金互助组织支农效率评价

农村资金互助组织作为我国农村金融改革创新的重要成果，其投资与服务主体基于利益共享原则运作，这种机制有效实现了经济效益与社会效益的协同提升。从先前微观视角的分析可知，金融许可证对农村资金互助组织的运行效率有着积极的促进作用，且无依托组织背景的农村资金互助组织展现出更高的运行效率。然而，农村资金互助组织究竟对农业经济发展和农户收入水平会产生怎样的影响，以及其效用程度如何，这些都是亟待深入探究的关键问题。基于此，本章将转换至宏观视角，运用样本所在县域的统计数据，深入分析农村资金互助组织的支农效率，进而探寻农村地区自主金融对农村经济发展的实际效用。

8.1 农村资金互助组织支农效率

我国农村经济在改革开放后发展较快，农村居民年人均纯收入由1978年的133.6元增长到2023年的21691元。但在经济转型发展后，我国农村金融发展的滞后在一定程度上遏制了农村经济的发展，加之金融资产的逐利本性，使得农村金融资产过度流向回报率更高的其他地区领域。

鉴于国外经济体系与我国城乡二元结构不同，其研究主要聚焦于农业信贷效率分析。在理论研究方面，Jensen R.（2002）和Jim M.（2005）的研究结论一致，即政府主导的农业信贷体系效率低下，支农的经济效用有待提升，需要合理引入市场机制和商业金融来共同推动农业经济发展。

在定量研究中，多数研究采用线性回归方法。例如，Rousseau P. L.（1990）运用误差修正模型（VEC）对农业贷款的发放效率进行估计，然而，该模型仅包含农业信贷与农村经济增长两个变量，从而降低了研究结论的可靠性。Anjini Kochar（1997）利用多元线性回归模型对印度农业贷款执行情况进行考察，研究结果显示农业信贷总体上缺乏效率。Jeffrey Wurgler（2000）提出可以用资本关于 GDP 变化的弹性来衡量金融效率，以此评估金融发展的程度及其作用。Annim S. K.（2010）在研究中依据微型金融机构的双重目标，将其效率划分为财务效率和社会效率。

国内学者主要从金融环境、农村贷款和金融结构三方面研究农村金融支农效率。

（1）金融环境层面

王修华和沈岚（2003）、谷慎和李成（2006）以及刘泽仁和孙从海（2007）从制度角度分析我国农村金融效率，认为农村金融制度供给存在有效性不足且结构不完善的问题，导致农村金融资源配置失灵，金融效率低下。吴俊杰和周再清（2010）则对农村金融信用环境进行分析，指出农村信用意识的缺失以及法律基础的薄弱等问题，影响了农村金融支农效率，使其整体水平不高。

（2）农村贷款方面

王定祥等（2013）运用 DEA-Malmquist 方法对我国金融支农效率进行测度，实证研究表明我国金融支农效率整体水平欠佳，地区差异显著，城乡二元结构、金融发展规模和劳动力受教育水平是影响金融支农效率的主要负面因素。周再清和吴俊杰（2009）运用 DEA 方法评估我国金融支农效率，结果显示农村金融资源在整体上未能实现有效配置，且中西部地区的支农效率低于东部地区。

（3）金融结构方面

白广玉（2005）认为农村金融结构的不合理以及信贷转换功能的低下，导致农村金融资源配置效率较低。黄惠春等（2010）通过实证研究发现，竞争性的农村金融市场结构对不同经济发展水平地区的农村金融机构效率的影响存在差异。

总体而言，国内研究起步相对较晚，多侧重于探讨正规金融对农村经济与农民收入增长的促进作用，并据此提出改进建议。我国特殊的城乡二元经济结构在一定程度上造成了农村金融市场的结构性失衡；而农村金融需求的独特性决定了，唯有深入分析其需求特点，精准把握内在规律，在提升支农效率的前提下，才能更好地推动农村经济发展。

8.2 农村资金互助组织对农村经济社会的影响方式

农村资金互助组织通过直接与间接两条路径，对农村经济社会施加影响。

8.2.1 直接作用路径

农村资金互助组织通过提供生产经营性融资服务，有效促进了农业生产效率的提升和农民收入的增长。我国作为农业大国，以家庭联产承包经营为主的小农经济模式，使得农户融资需求具有交易频繁、额度小、风险高的典型特征。这种融资特点与传统商业金融的运营逻辑相悖，导致金融机构难以满足农户和农村小微企业的融资需求。同时，农户的资金需求具有显著的农业生产周期性与季节性特征。当农户从农村资金互助组织获得贷款后，资金可直接投入农业生产：或是用于购买种子、化肥、农用机械等，保障简单再生产的顺畅进行；或是用于扩大农业生产规模；或是拓展农产品产业链，拓展农村其他经营项目。资金注入农业生产领域后，可有效提升农业产值，为农户创造更多收益，这正是农村资金互助组织对农村经济社会发挥的直接作用机制。

8.2.2 间接作用路径

农村资金互助组织需与其他要素协同作用，进而影响农村经济社会发展。例如，在农业固定资产投资进程中，农村资金互助组织提供的融资支持，可与固定资产投资相结合，产生规模报酬递增效应，为农业经济发展注入动力；又如，将农村机械购置需求与互助组织的资金供给相匹配，通过“农村机械投入量与融资相匹配”的协同模式，能够有效推动农业现代化进程，促进农村经济社会的整体发展。

8.3 变量选取

我国正规农村资金互助组织数量峰值仅 49 家，规模相对有限。然而，在国家政策鼓励下，依托农民专业合作社成立的资金互助组织与社区性农村资金互助组织大量涌现。尽管这类组织尚未被纳入国家正规金融机构体系，缺乏统一的数据统计，但在广大农村地区，其市场需求十分强劲。作为基于合作金融原则构建的非正规金融组织，农村资金互助组织在宏观层面的影响主要聚焦于农村经济领域。

本章将农村经济增长细分为三个维度：农业总产值总量的变化、第一产业的增长态势以及农民收入水平的提升。将反映农业经济发展的农业总产值、第一产业相关指标与体现农民增收的指标纳入统一分析框架，有助于深入剖析农村地区金融发展与农业经济增长之间的内在联系。基于此，本章将围绕上述维度展开详细分析与讨论。为科学考察农村资金互助组织的支农效率，合理选取被解释变量与解释变量成为关键环节。

8.3.1 被解释变量

本部分选取能够精准反映农业经济发展水平的指标作为被解释变量，

具体涵盖以下三个维度。

（1）第一产业增加值

第一产业增加值能够直观体现农村资金互助组织对国民经济基础的影响程度。这类组织扎根乡村、服务本土，设立初衷即为解决农户农业生产资金短缺为核心目标。从理论与实践来看，互助组织效率越高，对农村经济发展和居民收入的促进作用越显著。基于此，本研究将第一产业增加值纳入被解释变量范畴。学术界已有大量研究采用类似方法，如余新平等（2010）就曾以第一产业增加值作为农村增加值的主要估计值。

（2）农业总产值

伴随农业现代化进程加速，农林牧渔服务业在农村地区的需求日益增长，其业务范畴不仅覆盖农业产业链上游，还延伸至下游零售环节。为全面反映农村资金互助组织对农业全产业链生产的支持效应，同时检验模型的稳定性，本书选取农业总产值作为被解释变量。该指标能够充分展现包含农林牧渔服务业在内的农业经济生产全貌。

（3）农民人均纯收入

农民人均纯收入直接衡量农民收入水平，是衡量互助组织对农民影响的关键指标。该指标涵盖生产性收入与非生产性收入，反映农民在生产投资、生活改善等方面的实际能力，既是农民年度实际收入的直观体现，也是农村经济发展的综合缩影。

8.3.2 解释变量

（1）关键解释变量

农村资金互助组织的融资规模是衡量其将自有资金和社员存款转化为贷款，进而支持农村经济增长效率的重要依据。然而，由于我国缺乏农村资金互助组织的官方统计数据，本书采用农村非正规金融融资规模作为替代指标，并引入县域储蓄存款余额和贷款余额进行交叉验证。

①农村非正规金融融资规模：该变量作为替代指标，主要基于以下考

量：农村资金互助组织作为扎根农村社区的类银行机构，在政策支持下，未来有望以新型农村合作金融机构的身份获得广泛认可。在农村社区场景中，其将成为农户信赖的金融服务平台，逐步挤压农村高利贷和地下钱庄的市场空间，规范农村投融资行为。从资金来源看，农村资金互助组织主要依赖农户股金和闲置资金，本质上属于农村非正规金融范畴，其数据可在一定程度上反映组织的融资规模。

在数据估算方面，本章借鉴李建军（2010）、孙玉奎和冯乾（2014）的间接演绎法：首先依据金融经济相关系数法，通过单位 GDP 必要贷款系数计算农村主体的融资总需求；再扣除正规贷款规模，从而得出农村非正规贷款规模。具体公式为：农村非正规贷款规模=农村生产总值×（单位 GDP 必要贷款系数-农村正规贷款规模÷农村生产总值），其中单位 GDP 必要贷款系数=全国贷款规模÷国内生产总值。最后，结合互助组织所在地区生产总值占比，推算县域农村非正规贷款规模（孙玉奎和冯乾，2014）。

②县域储蓄存款余额：该变量选取县域经济这一宏观与微观经济的衔接地带，是连接城乡经济的关键节点。县城作为农户和乡镇企业的集聚地，其发展水平直接影响民间资本积累。居民储蓄存款余额代表城乡居民存入储蓄机构的资产总额，反映了区域经济的潜在发展动力。尽管样本仅 5 家正规农村资金互助社的存贷款数据纳入统计，其已显现地区资产转化为贷款的潜力。此外，农村资金互助组织自 2007 年起在农村广泛设立，凭借贴近农户、交易成本低及社区规范约束等优势，能够有效吸纳农户闲置资金并转化为贷款。

③县域贷款余额：县域贷款余额是衡量农村储蓄向投资转化的重要指标。长期以来，农业贷款规模与其对国民经济的贡献严重失衡，农业贷款占比显著低于其他产业。农村资金互助组织的设立旨在破解农户和农村小微企业的融资难题，尽管受资本、存款和融入资金等因素限制，其尚未能完全满足农村旺盛的资金需求，但县域贷款规模可在一定程度上反映贷款

“本土化”服务及对县域经济的支持力度。孙玉奎和冯乾（2014）研究表明，非正规金融贷款长期占据农村金融总贷款规模的29%～79%，因此县域贷款余额能够从侧面反映农村资金互助组织对农村经济发展的支持深度与广度。

（2）控制变量

为确保研究结果的准确性与可靠性，在关键解释变量基础上，本研究选取以下控制变量。

①县级财政支出：县级财政作为我国财政体系的基础层级，其公共财政支出直接关系农村经济发展与农民增收。县级财政主要承担本县社会公共需求的资金供给，尤其是财政支农支出覆盖农业生产、农林水利等多个领域。因此，将县级财政支出纳入控制变量，有助于更精准地剖析其对农村经济发展和农民收入的影响。

②农机总动力：农业机械广泛应用于种植业、农产品初加工、农用运输等农业生产活动，其数量变化清晰反映农业生产方式由人力、畜力向机械化的转型。提升农作物生产关键环节的机械化水平，能够显著提高农业生产效率。

8.4 数据来源及统计描述

8.4.1 数据来源

本部分所用数据对应微观调研样本所在的县级层面，具体涵盖河北、青海、甘肃等9个省（自治区）的24个县级行政单位。其中，第一产业增加值、居民储蓄存款余额、贷款余额、财政支出及农业机械总动力等数据均来源于《中国县域经济年鉴2014》；农民人均纯收入、农业总产值数据则取自各地区2013年国民经济和社会发展统计公报。在计算农村非正规金融融资规模时，涉及的GDP、农村正规金融机构贷款规模、全国贷款规模、农林牧渔增加值等数据，分别来源于《中国金融统计年鉴 2013》、《中国农业统计资料 2013》以及国家数据网公布的 2013 年统计数据。

8.4.2 主要变量统计特征

对样本县各变量进行描述性统计，结果详见表 8-1。在被解释变量方面，第一产业增加值的最大值为 55.80 亿元，最小值为 5.16 亿元，两者相差 10.81 倍；农业总产值的最大值与最小值差距更为显著，达到 14.04 倍；农民人均纯收入的最大值为 16820 亿元，最小值为 3803 亿元，前者为后者的 4.42 倍。这些数据直观反映东西部农村地区经济发展水平显著失衡。

表 8-1 变量的描述性统计

单位：亿元

	变量	均值	最大值	最小值	标准差
被解释变量	第一产业增加值	29.96	55.80	5.16	15.76
	农业总产值	52.73	119.89	8.54	30.30
	农民人均纯收入	10163.68	16820.00	3803.00	3423.19
解释变量与控制变量	融资规模	15.15	34.83	2.44	9.17
	存款余额	131.16	526.42	11.79	115.64
	贷款余额	147.90	797.56	7.48	174.07
	财政支出	34.10	136.60	3.50	26.68
	农机总动力	68.92	147.00	3.00	44.35

资料来源：2013 年相关《中国县域统计年鉴 2014》和《中国农业统计资料 2013》。

在解释变量与控制变量中，农村非正规金融融资规模区间为 2.44 亿~34.83 亿元；居民储蓄存款余额与贷款余额的离散程度较高，标准差分别达到 115.64 亿元和 174.07 亿元；财政支出和农机总动力等区域差异显著，显示各样本县域在金融资源、财政投入及农业机械化水平等方面差异显著。

8.5 回归模型构建

本节建立回归模型对农村资金互助组织的支农效率进行分析。此处参考张振海和茹少峰（2011）、陈时兴（2011）以及韦克游（2014）等的研究模型，同时对各变量取对数，得到的模型为

$$\log(agri)=\beta_0+\beta_1\log(fina)+\beta_2\log X \tag{8-1}$$

其中，β_0、β_1 与 β_2 为待估参数，$\log X$ 包括农业机械化等控制变量。同时，考虑到农村资金互助组织融资可能与其他变量共同作用于农业，基于此，进一步引入变量的交互项：

$$\log(agri)=\beta_0+\beta_1\log(fina)+\beta_2\log(fina)\cdot\log X+\beta_3\log X \tag{8-2}$$

其中，$\log(fina)\cdot\log X$ 表示融资规模与控制变量的交互项。为降低非正规金融融资规模的测量误差，采用居民储蓄存款余额作为替代变量，构建以下两个模型：

$$\log(agri)=\beta_0+\beta_1\log(saving)+\beta_2\log X \tag{8-3}$$

$$\log(agri)=\beta_0+\beta_1\log(saving)+\beta_2\log(saving)\cdot\log X+\beta_3\log X \tag{8-4}$$

其中，$\log(saving)$表示储蓄存款余额的对数。为全面考察农村资金互助组织的作用，再以贷款余额为替代变量，得到以下两个模型：

$$\log(agri)=\beta_0+\beta_1\log(debt)+\beta_2\log X \tag{8-5}$$

$$\log(agri)=\beta_0+\beta_1\log(debt)+\beta_2\log(debt)\cdot\log X+\beta_3\log X \tag{8-6}$$

其中，$\log(debt)$表示贷款余额的对数。

图 8-1 为融资规模、存款余额、贷款余额与第一产业增加值的散点图，为更直观地看出变量之间的关系，在此基础绘制拟合直线直观呈现关系。从图中可以看出，融资规模、存款余额、贷款余额均与第一产业增加值呈正相关关系。这说明随着融资规模、存款余额与贷款余额的增加，第一产业增加值也增加。

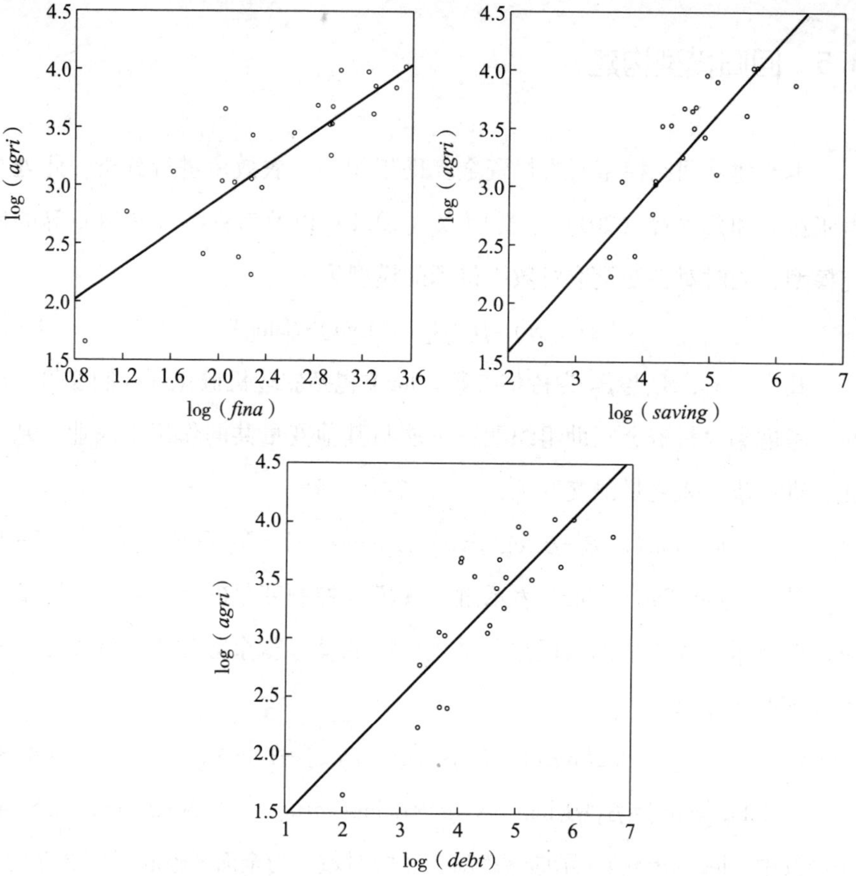

图 8-1　融资规模、存款余额和贷款余额与第一产业增加值的相关性

为了定量研究变量之间的关系，下面利用回归模型对支农效率进行定量估计。

8.6　农村资金互助组织支农效率实证分析

（1）融资规模对第一产业增加值的影响

本节以第一产业增加值为被解释变量，借助 Eviews 7.0 软件展开分析，融资规模对第一产业增加值的回归结果见表 8-2。

表 8-2 融资规模对第一产业增加值的回归结果

变量	模型一	模型二	模型三	模型四	模型五	模型六
Log (*fin*)	0.3450** (-0.1231)	0.3124 (-0.3684)				
log (*fin*) · log (*mec*)		0.0262 (-0.0845)				
log (*sav*)			0.4340*** (-0.0924)	0.2496 (-0.2357)		
log (*sav*) · log (*mec*)				0.0489 (-0.0587)		
log (*deb*)					0.3101*** (-0.0794)	0.1834 (-0.2199)
log (*deb*) · log (*mec*)						0.0350 (-0.0540)
log (*mec*)	0.3492*** (-0.0876)	0.3121 (-0.1725)	0.2905*** (-0.0776)	0.1117 (-0.2271)	0.3340*** (-0.0815)	0.2146* (-0.1975)
log (*rev*)	0.1366 (-0.0964)		0.0004 (-0.0505)		0.0130 (-0.0551)	
Con.	0.5627* (-0.3161)	0.9704 (-0.6478)	0.1592 (-0.2958)	0.8007 (-0.8222)	0.5293* (-0.292)	0.9658 (-0.7164)
调整 R^2	0.8032	0.7835	0.8474	0.8531	0.8162	0.8198

注：***、**与*分别表示在1%、5%与10%的水平上显著；②括号内为标准误。

模型一：选取融资规模（*fin*）、农机总动力（*mec*）和财政支出（*rev*）作为变量进行回归，模型的拟合优度为0.8032，这表明模型拟合效果良好。具体来看，在控制农机总动力变量后，融资规模对第一产业增加值的弹性系数为0.3450，且在5%的水平上显著。同时，农机总动力对第一产业增加值的弹性系数为0.3492，且在1%的水平上显著，这显示出农机总动力对第一产业增加值具有显著的促进作用。

模型二：引入融资规模、农机总动力的交互项，模型拟合优度为0.7835，模型拟合情况良好。具体而言，在控制农机总动力变量后，融资规模对第一产业增加值的弹性系数为0.3124，交互系数为0.0262，均未通过显著性检验；农机总动力对第一产业增加值的弹性系数为0.3121，统计上也不显著。这意味着在该模型设定下，这些变量对第一产业增加值的影响在统计意义上不明显。

模型三：以存款余额（*sav*）、农机总动力和财政支出作为回归变量，模型拟合优度为 0.8474，体现出模型具有很好的拟合效果。具体分析可知，在控制农机总动力和财政支出变量后，存款余额对第一产业增加值的弹性系数为 0.4340，且在 1%的水平上显著，表明存款余额对第一产业增加值有较强的促进作用。同时，农机总动力系数为 0.2905，且在 1%的水平上显著，财政支出的增加系数显著，说明财政支出对农业发展具有积极的支持作用。

模型四：选择储蓄存款余额与农机总动力的交互项构建模型，其拟合优度为 0.8531，说明模型拟合效果非常好。具体结果显示，在控制农机总动力变量后，融资规模对第一产业增加值的弹性系数为 0.2496，该结果不显著；存款余额与农机总动力的交互系数为 0.0489，统计上也不显著。

模型五：选择贷款余额（*deb*）、农机总动力和财政支出为变量，拟合优度为 0.8162，模型拟合效果良好。在控制生产性农机总动力变量后，贷款余额系数为 0.3101，且在 1%的水平上显著，表明以贷款余额衡量的融资规模对第一产业增加值具有显著正向影响。

模型六：选择贷款余额、农机总动力的交互项作为变量，模型拟合优度为 0.8198。控制农机总动力变量后，贷款余额系数为 0.1834，贷款余额与农业农机总动力的交互项对第一产业增加值的弹性系数为 0.0350，均未通过显著性检验。

综合来看，融资规模对第一产业增加值具有双重效应：一方面，融资规模本身显著正向促进农业发展；另一方面，融资规模与农机总动力的协同效应亦在部分模型中显现，但交互项显著性不足。农村资金互助组织通过资金融通满足农户生产资料需求，直接推动农业增长；同时，融资规模与农机动力协同提升机械化水平，间接促进农业效率提升。因此，农村资金互助组织的融资规模在第一产业增加值增长中既发挥直接资金支持作用，也体现与其他要素的协同效应。

（2）融资规模对农业总产值的影响

为确保上述分析结果的稳健性，选取农业总产值为被解释变量，并对相关结果进行深入剖析，具体分析结果如表 8-3 所示。

表 8-3 融资规模对农业总产值的回归结果

变量	模型一	模型二	模型三	模型四	模型五	模型六
log（*fin*）	0.3842** (-0.1412)	0.2041 (-0.4074)				
log（*fin*）·log（*mec*）	0.0568 (-0.0935)					
log（*sav*）			0.3711*** (-0.1216)	0.1824 (-0.322)		
log（*sav*）·log（*mec*）				0.0513 (-0.0808)		
log（*deb*）					0.2877*** (-0.0956)	0.1161 (-0.2725)
log（*deb*）·log（*mec*）						0.0452 (-0.067)
log（*mec*）	0.3815*** (-0.1005)	0.2892 (-0.1908)	0.3648*** (-0.1021)	0.1761 (-0.3149)	0.3881*** (-0.0982)	0.2364 (-0.2462)
log（*rev*）	0.0988 (-0.1105)		0.0142 (-0.0665)	0.0083 (-0.0683)	0.0178 (-0.0664)	0.0137 (-0.0677)
Con.	1.0109 (-0.3627)	1.5662 (-0.7164)	0.6514 (-0.3893)	1.3246 (-1.1317)	0.9426** (-0.3519)	1.4955 (-0.8948)
调整 R^2	0.7754	0.7704	0.7701	0.7622	0.7678	0.7605

注：①***、**分别表示在 1%、5%的水平上显著；②括号内为标准误。

模型一：选取融资规模、农机总动力、财政支出作为变量通过多元线性回归控制其他变量后，模型拟合优度达 0.7754，拟合程度非常高。控制农机总动力后，融资规模对农业总产值的弹性系数为 0.3842，农机总动力弹性系数为 0.3815，表明两者对农业总产值有显著正向影响。

模型二：引入融资规模、农机总动力的交互项，模型拟合优度为 0.7704，拟合程度较高。具体来看，当控制农机总动力后，融资规模弹性系数（未通过显著性检验）为 0.2041，交互项系数为 0.2892（未通过显著性检验），农机总动力弹性系数为0.1761（未通过显著性检验），说明交互效应下，融资规模及交互作用对农业总产值的影响在统计上不显著。

模型三：该模型选取存款余额、农机总动力和财政支出作为变量，通过多元线性回归控制其他变量后，模型拟合优度达0.7701，拟合程度较高。具体而言，在控制农机总动力变量后，县域储蓄存款余额对农业总产值的弹性系数达到0.3711，且在1%的显著水平上显著；农机总动力对农业总产值的弹性系数为0.3648，且在1%的水平上显著。这表明存款余额作为融资规模的一种体现，对农业总产值有着较强的正向促进作用，同时农机总动力也对农业总产值的增长有积极影响。

模型四：引入存款余额与农机总动力的交互项，模型拟合优度为0.7622，拟合程度较高。具体显示，控制农机总动力变量后，存款余额对农业总产值的弹性系数为0.1824（未通过显著性检验）；存款余额与农机总动力的交互项对农业总产值的弹性系数为0.0513（未通过显著性检验）；农机总动力对农业总产值的弹性系数为0.1761（未通过显著性检验）。这说明交互效应下，存款余额及交互项对农业总产值的影响在统计上不显著。

因贷款余额更直接反映融资规模的使用效率，故模型五和模型六选择贷款余额作为融资规模的代理变量，为进一步探究融资规模对农业总产值的影响。

模型五：选取贷款余额、农机总动力和财政支出变量进行分析，模型拟合优度达0.7678。控制相关变量后，贷款余额弹性系数为0.2877，且在1%的水平上显著，农机总动力弹性系数为0.3881，且在1%的水平上显著，财政支出弹性系数为0.0178（未通过显著性检验），表明贷款余额与农机总动力对农业总产值有显著正向影响，财政支出的作用不明显。

模型六：引入贷款余额与农机总动力的交互项进行分析，模型拟合优度达0.7605。具体而言，贷款余额弹性系数为0.1161（未通过显著性检验），交互项弹性系数为0.0452（未通过显著性检验），农机总动力弹性系数为0.2364（未通过显著性检验），说明交互效应下，贷款余额及交互作用对农业总产值的影响在统计上不显著。

（3）融资规模对农民人均纯收入的影响

在此部分研究中，选取农民人均可支配收入为被解释变量，相关回归结果见表 8-4。

表 8-4 融资规模对农民人均纯收入的回归结果

变量	模型一	模型二	模型三	模型四	模型五	模型六
log（*fin*）	0.2661* （-0.1389）	0.0595 （-0.2736）				
log（*fin*）·log（*mec*）		0.0416 （-0.0463）				
log（*sav*）			0.3217*** （-0.107）	0.0040 （-0.2666）		
log（*sav*）·log（*mec*）				0.0849 （-0.0663）		
log（*deb*）					0.3311*** （-0.0667）	0.0274 （-0.1748）
log（*deb*）·log（*mec*）						0.0739 （-0.043）
log（*mec*）	0.0294 （-0.0989）		-0.0398 （-0.0899）	-0.3486 （-0.2569）	-0.0698 （-0.0686）	-0.3117 （-0.157）
log（*rev*）	0.0012 （-0.1087）		-0.0058 （-0.0586）		-0.0284 （-0.0464）	
Con.	8.3567 （-0.3567）	8.5657 （-0.2906）	7.8653* （-0.3428）	8.9781 （-0.9299）	8.0263*** （-0.2456）	8.9026*** （-0.5698）
调整 R^2	0.3367	0.3593	0.3911	0.4415	0.6136	0.6613

注：①***与*分别表示在 1%与 10%的水平上显著；②括号内为标准误。

模型一：该模型将融资规模（*fin*）、农机总动力（*mec*）和财政支出（*rev*）作为变量进行回归分析，模型的拟合优度为 0.3367，拟合程度处于一般水平。具体来看，在控制农机总动力变量后，融资规模对农民人均纯收入的弹性系数为 0.2661，且在 10%的水平上显著；农机总动力对农民人均纯收入的弹性系数为 0.0294，未达显著性水平。这显示出融资规模对农民人均纯收入具有一定程度的正向影响，相比之下，农机总动力的影响不显著。

模型二：此模型选择融资规模、农机总动力以及它们的交互项进行回归，模型的拟合优度为0.3593，拟合程度处于一般水平。具体而言，控制农机总动力变量后，融资规模对农民人均纯收入的弹性系数为0.0595，未达到显著水平；融资规模与农机总动力的乘积项对农民人均纯收入的弹性系数为0.0416，也不显著。这意味着在该模型设定下，融资规模及其与农机总动力的交互作用对农民人均纯收入的影响在统计上均不明显。

模型三：该模型选择存款余额、农机总动力和财政支出作为变量进行回归，模型的拟合优度为0.3911，拟合程度一般。控制农机总动力和劳动力变量后，存款余额对农民人均纯收入的弹性系数达到0.3217，且在1%的水平上显著；农机总动力对农民人均纯收入的弹性系数为-0.0398，财政支出对人均纯收入的弹性系数为-0.0058，后两者在统计上均不显著。这表明存款余额对农民人均纯收入具有显著的正向促进作用，而农机总动力和财政支出的影响不突出。

模型四：该模型包含存款余额、农机总动力以及它们的交互项，模型的拟合优度为0.4415，拟合程度一般。控制其他变量后，存款余额对农民人均纯收入的弹性系数为0.0040，存款余额与农机总动力的交互项对人均可支配收入的弹性系数为0.0849；农机总动力对农民纯收入的弹性系数为-0.3486。这几个变量的影响在统计上均未通过显著性检验。

模型五：该模型选择贷款余额（*sav*）、农机总动力和财政支出作为变量进行回归，模型的拟合优度为0.6136，拟合效果较好。控制农机总动力和财政支出后，贷款余额对人均可支配收入的弹性系数达到0.3311，且在1%的水平上显著；农机总动力对人均可支配收入的弹性系数为-0.0698，财政支出对农民人均纯收入的弹性系数为-0.0284，后两者在统计上不显著。这说明贷款余额对农民人均可支配收入有显著的正向影响，而农机总动力和财政支出对农民收入的影响不明显。

模型六：该模型选择贷款余额、农机总动力、财政支出以及贷款余额与农机总动力的交互项进行回归，模型的拟合优度为0.6613，拟合效果较好。控制其他变量后，贷款对人均可支配收入的弹性系数为0.0274，贷款与农机总动力的交互项对人均可支配收入的弹性系数为0.0739；农机总动力对农民可支配收入的弹性系数为-0.3117。这些变量的影响在统计上均不显著。

综合上述实证分析结果，融资规模对农民人均纯收入呈现显著的正向影响。与此同时，融资规模的扩大还能推动农业机械化水平提升，进而间接拉动农民收入增长。然而，研究也发现，短期内农机总动力对农民人均可支配收入存在负向作用。这可能归因于农业机械购置属于一次性大额投资，其对农民收入的积极影响需经长期生产实践才能逐步显现；财政支出在本研究模型中对农民收入呈现负效应，表明当前财政支农政策的实际效果仍有待进一步提升和优化。

本章结论进一步拓展了现有学术认知。与余新平和熊德平（2010）、钱水土等（2011）、席桂萍（2012）、冉光和等（2012）的前期研究相比，本研究深入揭示了融资规模与农业机械化协同效应对农业经济增长的促进机制。这一发现表明，金融不仅通过直接融资支持农业生产，更通过集聚资金形成规模效应，推动农业机械化水平提升，以间接方式提高农业生产效率，推动农业经济发展。

值得注意的是，尽管融资规模对农民收入具有直接促进作用，但融资与农业机械投入相结合的复合效应在促进农民增收方面尚未展现出显著效果。这主要是因为农业机械投资成本高、回报周期长，加之农业生产受季节性和周期性因素制约，导致投入产出效率偏低。因此，关于融资规模与农业机械投入对农民收入的长期影响，仍需基于更长期的数据观测和深入研究加以验证。

8.7 本章小结

本章从宏观县域经济视角出发，以调研样本所在县域数据为例，逐一分析了县域范围内农村资金互助组织融资规模、财政支出和农机总动力及相互结合后作用于第一产业增加值、农业总产值和农民人均纯收入的影响机理。

计量运行结果表明，融资规模同农机总动力、财政支出均单独对第一产业增加值有显著正向影响；在融资规模与农机总动力的共同作用下，显著促进了农业经济增长；融资规模、农机总动力和财政支出均对农业总产值产生积极贡献，说明融资规模对农业总产值具有显著正向影响；农村资金互助组织融资规模对直接提高农民整体收入水平也有推动作用。

综上所述，本章研究揭示了农村资金互助组织融资规模在农业经济发展和农民增收中的重要作用，同时也验证了农机总动力、财政支出等要素与融资规模协同效应，为优化农村金融政策、推动农业现代化发展提供了理论依据与实证支撑。

9

主要结论与政策建议

本书以农村资金互助组织的合作金融本质为核心，深入剖析其运行机制。在微观层面，以组织的社会扶持效用为研究起点，运用科学方法对其运行效率进行量化评估；基于翔实的样本分析，系统梳理影响农村资金互助组织微观与宏观效率的关键因素。在宏观层面，着重探讨农村资金互助组织支农效率背后所承载的民生价值与社会意义。

本章基于既有研究成果，首先客观审视本研究存在的局限性，并指明未来研究方向。在此基础上，对全书研究内容进行全面、系统的总结，并针对农村资金互助组织发展过程中的现实问题，提出完善组织运行机制、显著提升运行效率的系统性对策建议，旨在为推动农村资金互助组织可持续发展、助力乡村振兴战略实施提供理论参考与实践指导。

9.1 若干结论

本书以农村资金互助组织为研究对象，基于前人研究成果构建理论框架，借鉴国外合作金融实践经验，系统回顾中国农村资金互助组织 8 年发展历程。研究从社会资本理论视角切入，以正规农村资金互助社为样本，深入剖析其组织架构、运营模式、风控体系及利润分配机制，并以兴乐农村资金互助社为典型案例，阐释其运行机制。同时，综合运用 DEA 法与回归分析法，分别从微观和宏观层面测度组织运行效率与支农效能，得出以下核心结论。

第一，农村资金互助组织的诞生是农村内生金融需求驱动下诱致性制度变迁的产物。其区域性特征既延续了民间金融的信息优势，又把农村社区规范与体制优势有机融合，展现出强大的发展韧性与生命力。从合作金融理论视角界定，农村资金互助组织属于合作金融范畴，且是小微金融机构的特殊形态；基于社会资本理论分析，农村社会规范深度影响组织的激励与约束机制，体现出正式制度与非正式规则协同治理的特征。

第二，社会资本通过三大路径影响农村资金互助组织发展：一是优化农村信用环境，借助社区规范约束成员履约行为；二是降低组织运营成本，依托熟人社会网络减少交易摩擦；三是拓宽成员融资渠道，通过信任机制提升资金可得性。然而，农村社会资本的内在矛盾性，如关系网络的封闭性、规范执行的弹性化等，也对组织的规模扩张与可持续发展形成制约。

第三，不同类型农村资金互助组织在运行机制上虽存在差异，但以正规互助社为代表的组织体系具有显著共性。其运行机制涵盖资金筹集、资金运用、利润分配、风险控制及激励约束五大核心环节，各环节相互依存、协同运转，构成保障组织高效运作的有机整体。

第四，微观效率研究表明，DEA 模型适用于多投入多产出条件下农村资金互助组织的效率评估。实证结果显示，样本组织整体运行效率与资金规模呈正相关，持有金融许可证的组织因法律地位明确、信用增极显著，技术效率显著高于非正规组织；而依托农民专业合作社组建的互助组织，其技术效率反而低于无依托组织，反映出合作社资源转化的局限性。

第五，宏观层面研究证实，农村资金互助组织的支农效率体现在融资对农业经济增长和农民增收的双重促进作用上。这种效应通过“独立投入”与“复合投入”两种模式实现：前者表现为资金直接用于农业生产资料购置；后者则通过与固定资产投资结合，间接推动农业产业化发展。研究进一步发现，融资规模、农业机械总动力和财政支出均对第一产业增加值、农业总产值及农民人均纯收入产生显著正向影响，且融资与固定资产投资的复合效应更能放大对农业经济的促进作用。作为城乡金融体系的连接纽带，农村资金互助组织为破解二元金融分割、促进城乡金融资源流动提供了新路径。

9.2 对策建议

（1）政府充当有限干预角色

政府应聚焦于营造有利于农村资金互助组织发展的宏观环境，涵盖宏观经济政策、产业配套政策、舆论引导等方面，并加快完善农村合作金融法律框架，明确产权界定、外部监管与风险控制等核心内容，为农村资金互助组织营造健康有序的市场生态。

第一，及时纠正价值目标的偏离。由于农业面临自然与市场双重风险，若缺乏有效干预，农村资金互助组织在市场化运作中易出现“使命漂移”，导致合作金融异化。政府需从制度层面强化规范化建设，制定具体可操作的监管措施，确保组织严守章程，维护其“合作”本质。

第二，给予政策导向与支持。农村资金互助组织服务于低收入农户和农村小微企业，兼具经济与社会福利功能，承担着建立现代信用体系的社会责任。因其规模小、利润薄且需承担社会成本，在市场竞争中处于劣势。政府应通过舆论引导和政策倾斜，对其与商业性金融机构实行差异化管理，鼓励其健康发展。

第三，精准把握干预时机与尺度。政府对农村资金互助组织的干预需遵循适时、适度原则。直接资金注入或再融资应选择合适时机，补贴与优惠政策需透明且具有临时性。例如，当组织储蓄动员不足时，可通过再贷款临时补充资金。长期过度干预可能削弱成员积极性，破坏市场机制，因此需注重培育农村金融的自我发展能力。

（2）完善相关法律制度

第一，规范现有组织发展机制。出台专项规章制度，将非正规农村资金互助组织纳入规范化管理，培育其成为农村金融服务终端机构。制定明确的融资支持政策，允许符合条件的组织按既定比例获取政府或金融机构融资。整合财政支农资金与再贷款，建立专门融资机制，解决组织资金短缺问题。同时，鼓励商业性金融机构投资农村领域，并赋予监督农村资金互助组织承担农业补贴和保险服务职能。

第二，健全立法保障与约束机制。农村资金互助组织兼具对内信用和对外经济双重属性，与传统银行业金融机构存在本质区别。需构建以需求为导向的农村金融服务体系，通过立法明确其法律地位，规范与农户、金融机构、政府等主体的经济交往。尽快出台《合作金融法》，构建完善的农村合作金融法律体系，引导民间资本合法进入农村金融市场。

第三，实施差别化分类监管机制。鉴于农村资金互助组织类型、规模各异，需实施分类分层监管。目前多数组织缺乏规范指导，地方政府应承担区域性金融风险防控责任。监管中需严格区分商业金融与合作金融行为，对吸收存款的组织实施审慎监管，对不吸收存款的组织根据规模实施非审慎分层监管。大型组织由地方金融办监管并强化风控，小型组织则依靠农村社会规范自律。

（3）推动农村资金互助组织的可持续发展

第一，加强成员培训教育。借鉴国际合作金融经验和小额贷款实践，重视对组织成员的培训。通过开展合作文化、金融知识教育，提升成员合作意识和管理技能；提供咨询和技术培训，帮助成员把握发展机会，促进经验交流。提高信贷投放质量，增强成员盈利能力，从而降低信用风险，实现组织可持续发展。

第二，探索多样化发展模式。鉴于我国农村地区经济差异显著，应因地制宜发展农村资金互助组织。在经济发达地区，可通过商业银行参股等方式推动组织向合作银行转型，提升风险管理能力；在经济落后地区，发展本土化合作金融形式。此外，推动组织联合，强化行业自律，增强监管弹性，促进金融公平。

第三，建立资金批发机制。针对农村资金互助组织自有资金不足的问题，需建立与正规金融机构对接的资金批发机制。政府应出台支持政策，鼓励各方合作，形成政府协调、正规金融机构供血、互助组织服务的良性循环。资金批发机制既能发挥农村资金互助组织的信息优势，降低投资风险，又能拓宽其资金来源渠道，推动农村信用体系建设。

9.3 研究局限与展望

本书作为探索性研究，在理论建构与实证分析方面仍存在局限性，具体可归纳为以下四点。

（1）研究方法的局限性

使用 DEA 法测算农村资金互助组织技术效率时，该方法因缺乏随机误差项，无法有效识别会计数据偏差或偶然因素对效率的影响，并将随机误差直接归为无效率部分，这可能导致估计的前沿效率与实际情况产生偏差。未来研究可尝试在非参数方法中引入随机误差项，以优化测量模型，提高效率测算的准确性。

（2）样本数据的局限性

受调研时间与人力限制，本书选用的微观数据样本数量有限，且呈东多西少的不均衡分布特征。随着政策环境的动态变化，部分调研机构停止运营，降低了结论的普适性。后续研究可进一步扩大样本范围，将不同地区持续稳定经营的农村资金互助组织及其社员农户作为研究对象，通过对比分析不同区域组织的效率差异，为农村合作金融提供更具科学性和针对性的政策建议。

（3）数据获取的局限性

农村资金互助组织作为非正规金融组织，由于分布分散且缺乏有效监管，存在严重的信息不对称问题。本书在分析支农效率时，不得不采用农村非正规融资规模、存款余额及贷款余额等替代性指标。其中，农村非正规融资规模需借助已有研究方法估算，而组织自身尚未建立系统的统计体系。目前其业务规模在农村非正规金融市场中尚未占据主导地位，但其近年来的高速增长态势已显露超出传统认知的发展潜力。

农村资金互助组织的生存发展逻辑具有显著的二元特性：从需求端来看，其诞生于农村制度性金融供给不足的背景，凭借社区嵌入优势实现内生性增长；从供给端来看，其草根属性导致治理机制存在先天缺陷，既难以抵御资本规模化带来的风险，也缺乏有效手段抑制资金的逐利行为。这种“需求强劲”与“控制薄弱”的矛盾关系，使得组织在追求服务普惠性与维持经营可持续性之间难以实现平衡。

（4）未来研究方向展望

未来研究应突破传统静态效率评价模式，可从历史制度主义和组织生态学视角构建新的分析框架，聚焦以下议题：一是探究农村信用合作社商业化改革产生的虹吸效应，以及其对农村资金互助组织产生的金融排斥程度；二是分析数字金融技术的广泛渗透给传统合作金融模式带来的变革与挑战；三是研究新型农村集体经济组织的兴起，为农村资金互助组织带来的生态位重构机遇。通过动态跟踪制度变迁与市场演变的互动机制，有望为评估农村合作金融的制度弹性、推动适应性创新提供坚实的理论依据。

索　引

参考文献

A.1 普通图书

[1]NORTH D C. Institutions, institutional change, and economic performance[M]. Cambridge University Press, 1990.

[2]弗朗西斯·福山.信任：社会道德与繁荣的创造[M].李宛蓉，译.北京：远方出版社，1998.

[3]GOLDSMITH R N. Financial structure and development[M]. New Haven：Yale University Press, New Haven, 1969.

[4]Honohan, Patrick. 新帕尔格雷夫货币金融大辞典[M].胡坚，译.北京：经济科学出版社，2000.

[5]RICHARDSON J G. Handbook of theory and research for the sociolgy of education[M]. New York：Greenwood Press, 1986.

[6]MCKINNON R I. Money and capital in economic development[M]. Washington, D. C.：Brookings Institutions, 1973.

[7]SHAW E S. Financial deepening in economic development[M]. New York：Oxford University Press, 1973.

[8]BODIE Z, MERTON R C. Finance preliminary edition[M]. Upper Saddle River, NJ：Prentice Hall, 1998.

[9]成思危.中国农村金融制度：结构、变迁与政策[M].北京：经济科学出版社，2005.

[10]范静.农村合作金融产权制度创新研究[M].北京：中国农业出

版社，2006.

[11]费孝通．乡土中国[M]．上海：生活·读书·新知三联书店，1985.

[12]国风．农村经济创新分析[M]．北京：经济科学出版社，2005.

[13]何广文．合作金融发展模式及运作机制研究[M]．北京：中国金融出版社，2001.

[14]何广文，冯光元，郭洁，等．中国农村金融发展与制度变迁[M]．北京：中国财政经济出版社，2005.

[15]黄书田，刘娟．国民经济统计概论[M]．北京：中国人民大学出版社，2004.

[16]刘玲玲，杨思群，姜朋，等．中国农村金融发展研究：2006 汇丰-清华经管学院中国农村金融发展研究报告[M]．北京：清华大学出版社，2007.

[17]陆雄文．管理学大辞典[M]．上海：上海辞书出版社，2013.

[18]罗骏．合作金融发展论[M]．成都：四川大学出版社，2010.

[19]彭德琳．新制度经济学[M]．武汉：湖北人民出版社，2002.

[20]邱东．多指标综合评价方法的系统分析[M]．北京：中国统计出版社，1991.

[21]唐宗焜．合作社真谛[M]．北京：知识产权出版社，2012.

[22]王沪宁．当代中国村落家族文化[M]．上海：上海人民出版社，1999.

[23]尹志超．信用合作组织：理论与实证[M]．成都：西南财经大学出版社，2004.

[24]岳志．现代合作金融制度研究[M]．北京：中国金融出版社，2002.

[25]张贵乐，于左．合作金融论[M]．大连：东北财经大学出版社，2001.

[26]张杰．中国农村金融制度：结构、变迁与政策[M]．北京：中国

人民大学出版社，2003.

[27]张军．合作团体的经济学：一个文献综述[M]．上海：上海财经大学出版社，1999.

A.2 论文集、会议录

[1]OSTROM E，AHN T K. A Social Science Perspective on Social Capital：Social Capital and Collective Action[C]. Social Capital：Interdisciplinary Perspectives，2001.

[2]TANG S，GUAN Z，JIN S. Formal and Informal Credit Markets and Rural Credit Demand in China[C]//2010. DOI：doi：http：//dx. doi. org/.

[3]格罗斯费尔德，阿尔德约翰．德国合作社制度的基本特征[C]．中德经济法研究所年刊．南京：南京大学出版社，1990.

A.3 学位论文

[1]BASSEER P A. The role of financial intermediaries in economic development：The case of Iran，1888 -1978[D]. Washington，D. C.：The George Washington University，1982.

[2]卢娅．我国农村经济发展中的金融支持研究[D]．南宁：广西大学，2008.

[3]田微．我国农村资金互助社发展模式的案例分析[D]．成都：西南财经大学，2011.

[4]王杨．农村资金互助社法律制度研究[D]．合肥：安徽大学，2014.

[5]辛德利．中国欠发达农村资金互助社起步期发展研究[D]．无锡：江南大学，2010.

[6]游碧蓉．基于社会资本视角的农村合作金融制度研究[D]．福州：福建农林大学，2008.

[7]战松．制度与效率：基于中国债券市场的思考[D]．成都：西南财经大学，2006.

A.4 期刊中析出文献

[1]AIGNER D. LOVELL K, SCHMIDT P. Formulate and estimation of stochastic frontier production models[J]. Journal of Economics, 1977, 6: 21-37.

[2]ALEEM I. Imperfection information screening and the cost of informal lending: A study of rural credit markets in Pakistan[J]. The World Bank Economic Review. 1990, 4(3): 329-349.

[3]KOCHAR A. An empirical investigation of rationing constraints in rural credit market in India [J]. Journal of Development Economic, 1997, 53: 339-371.

[4]ANNIM S K. Microfinance and household poverty reduction: New evidence from India[J]. World Development, 2010, 38(12): 23-46.

[5]BANKER R. CHARNES A, COOPERW W. Some models for estimating technical and scale in efficiencies in data envelopment analysis[J]. Management Science, 1984, 30: 1078-1092.

[6]BAUER K J, MILES L L, NISHIKAWA T. The effect of mergers on credit union performance[J]. Journal of Banking & Finance, 2009, 33(12): 2267-2274.

[7] BERGER ALLEN N. Distribution-free estimates of efficiency in the U.S. banking industry and tests of the standard distributional assumptions[J]. Journal of Productivity Analysis, 1993, 4(3): 261-292.

[8]BRUNO DEBORGER, GARY D, FERRIER, et al. The choice of a technical efficiency measure on the free disposal hull reference technology: A comparison using US banking data [J]. European Journal of Operational Research, 1998, 105(3): 427-446.

[9]CHARNES A, COOPER W W, RHODES E. Measuring the efficiency of decision making units[J]. European Journal of Operational Research, 1978, 2:

429-444.

[10]CHEUNG S N. The contractual nature of the firm[J]. The Journal of Law and Economics, 1982, 1: 1-21.

[11]COLEMAN J S. Social capital in the creation of human capital[J]. American Journal of Sociology, 1988(94): 95-120.

[12]MCKILLOP D G, GLASS J C, FERGUSON C. Investigating the cost performance of UK credit unions using radial and non-radial efficiency measures [J]. Journal of Banking & Finance, 2002, 8: 1563-1591.

[13]DAVID C. WHEELOCK, PAUL W. WILSON. The evolution of cost-productivity and efficiency among US credit unions[J]. Journal of Banking & Finance, 2013, 1: 75-88.

[14]FARRELL M J. The measurement of productive efficiency[J]. Journal of the Royal Statistical Society, 1957, 120: 253-290.

[15]GARCíA-PéREZ, FERNáNDEZ-IZQUIERDO I M Á, MUñOZ-TORRES M J. Microfinance institutions fostering sustainable development by region[J]. Sustainability, 2020, 12(7): 2682.

[16]GBIGBI T M, ACHOJA F O. Cooperative financing and the growth of catfish aquaculture value chain in Nigeria[J]. Croatian Journal of Fisheries, 2019, 77(4): 263-270.

[17]GOENNER C F. The policy impact of new rules for loan participation on credit union returns[J]. Journal of Banking & Finance, 2016, 73: 198-210.

[18]FRIED H O, LOVELL C A K, TURNER J A. An analysis of the performance of university-affiliated credit unions[J]. Computers & Operations Research, 1996, 4: 375-384.

[19]HOFF K. STIGLITZ E. Introduction imperfect information and rural credit markets puzzles and policy perspectives[J]. World Bank Economic Review, 1990, 4(3): 235-250.

[20] HUGH T. PATRICK. Financial development and economic growth in underdeveloped countries [J]. Economic Development and Cultural Change, 1966, 14: 174-189.

[21] JEFFREY WURGLER. Financial markets and the allocation of capital [J]. Journal of Financial Economics, 2000, 5(8): 187-214.

[22] JENSEN R. The farm credit system as a government-sponsored enterprise [J]. Review of the Agricultural Economic, 2002, 22(2): 326-335.

[23] JIA - CHINGJUO, YU - HUILIN, TSAI - CHIACHEN. Productivity change of Taiwanese famers' credit unions: A nonparametric metafrontier malmquist-luenberger productivity indicator [J]. Central European Journal of Operations Research, 2015, 1: 125-147.

[24] MONKE J . Agricultural credit: Institutions and issues [J]. Congressional Research Service, Library of Congress, 2016, 5: 1-11.

[25] JOHN GODDARD, DONAL MCKILLOP, JOHNO S WILSON. What drives the performance of cooperative financial institutions? Evidence for US credit unions [J]. Applied Financial Economics, 2008, 18: 879-893.

[26] JOHNA. GODDARD, DONALG MCKILLOP, JOHNO S WILSON. The growth of US credit unions [J]. Journal of Banking & Finance, 2002, 12: 2327-2356.

[27] KARAIVANOV A. A. Kessler, (Dis) Ddvantages of informal loans - theory and evidence [J]. European Economic Review, 2018, 102: 100-128.

[28] KHAN, MOHSINS, ABDELHAK S, et al. Financial development and economic growth: An overview [J]. IMF Working Paper, 2000.

[29] KHANNA M , MAJUMDAR S . Caste-ing wider nets of credit: A mixed methods analysis of informal lending and caste relations in Bihar [J]. World development perspectives, 2020, 20. DOI: 10. 1016/j. wdp. 2020. 100265.

[30] LEE H. et al. Role of savings and internal lending communities

(SILCs) in improving household wealth and financial preparedness for birth in rural Zambia[J]. Health Policy and Planning, 2021, 36(8): 1269-1278.

[31]LEVINE, ROSS. Financial development and economic growth: Views and agenda[J]. Journal of Economic Literature, 1997, 35(2): 688-726.

[32]LIN L, WANG W, GAN C, et al. Rural credit constraint and informal rural credit accessibility in China[J]. Sustainability, 2019, 11(7): 1935.

[33]LINH T et al. Determinants of farming households' credit accessibility in rural areas of Vietnam: A case study in Haiphong City, Vietnam[J]. Sustainability, 2020, 12(11): 4357.

[34]LUKE CHAN M W, DEAN C MOUNTAIN. Measuring returns to scale and technological changein co-operative banks: A provincial analysis of canadian credit unions and caisses populaires [J]. Empirical Economics, 1986, 4: 207-222.

[35]MCKILLOP D G, QUINN B. Irish credit unions: Differential regulation based on business model complexity[J]. The British Accounting Review, 2017, 49(2): 230-241.

[36]MOOKHERJEE D, MOTTA A. A theory of interactions between MFIs and informal lenders [J]. Journal of Development Economics, 2016, 121: 191-200.

[37]MUSHONGA M, ARUN J G, MARWA N W. Drivers, inhibitors and the future of co-operative financial institutions: A delphi study on South African perspective [J]. Technological Forecasting and Social Change, 2018, 133: 254-268.

[38]NOURSE T H. The missing parts of microfinance: Services for consumption and isurance[J]. SAIS Review, 2001, 21: 61-70.

[39]OGUNMUYIWA M S , ALADEGOROYE O R , ABOSEDE A J. Funding of micro scale enterprises: Is cooperative financing helpful? [J]. Izvestiya,

2020（4）：430–443.

[40]RAILIENEG，SINEVIČIENE L. Performance valuation of credit unions having social and self–sustaining aim[J]. Procedia – social and behavioral sciences，2015，213：423–429.

[41]RONALD H. COASE. The nature of the firm[J]. Economica. 1937，4(16)：386–405.

[42]ROUSSEAU P L，WACHETEL P. Financial intermediation and economic performance：Historical evidence from five industrial countries[J]. Journal of Money，Credit and Banking，1998，30：657–678.

[43]STERN F，PUTNAM R. Making democracy work：Civic traditions in modern Italy[J]. Foreign Affairs（Council on Foreign Relations），1993，72(3)：202.

[44]TONE KAORU. A slacks–based measure of efficiency in data envelopment analysis[J]. European Journal of Operational Research，2001，130：498–509.

[45]WILLIAMSON O E. Transaction cost economics：The governance of contractual relations[J]. Journal of Lawand Economics，1975，22：233–261.

[46]Woolcock M. Social capital and economic development：Toward a theoretical synthesis and policy framework[J]. Theory and Society，1998，27(2)：151–208.

[47]白广玉，陈森．农业金融资源配置及其效率分析[J]. 农村金融研究，2005(10)：39–41.

[48]白钦先，谭庆华．论金融功能演进与金融发展[J]. 金融研究，2006(7)：41–52.

[49]白钦先，王京．合作性金融的合作动机及引致原则研究[J]. 金融理论与实践，2014(10)：1–8.

[50]蔡志荣，王成峰．农民资金互助组织的博弈及对策：以河北省涞

源县小关城村为例[J]. 安徽农业科学，2011(7)：4354-4356.

[51]曹军新. 当前农村合作经济组织融资功能的异化与综合治理：基于农村金融整体改革视角[J]. 经济社会体制比较，2013(4)：46-55.

[52]常伟. 农村资金互助合作组织风险防控问题研究[J]. 中州学刊，2016(2)：38-42.

[53]陈东平，周振. 农村资金互助社的内部治理机制缘何“异化”?：社员合作博弈的视角与来自浙南 M 镇的证据[J]. 江苏社会科学，2012(2)：62-67.

[54]陈东平，任芃兴. 成员异质性与农村资金互助组织非“民主治理”：以苏北地区为例[J]. 南京农业大学学报(社会科学版)，2013，13(4)：45-53.

[55]陈国强，王琦. 三年发展喜忧参半：乐都兴乐农村资金互助社历程回眸[J]. 青海金融，2010(12)：36-38.

[56]陈贺，张帅. 我国农村合作金融组织发展历程对资金互助社发展的启示[J]. 经济研究参考，2012(29)：43-45.

[57]陈立辉，刘西川. 农村资金互助社异化与治理制度重构[J]. 南京农业大学学报(社会科学版)，2016，16(3)：111-122，159-160.

[58]陈岷. 论农村资金互助社立法的若干问题[J]. 中国商法年刊，2008(00)：130-135.

[59]陈时兴. 农村金融支农效率的比较研究：以浙江省农村信贷投资的产出效应与收入效应为例[J]. 中共浙江省委党校学报，2011(6)：98-104.

[60]陈司谨. 农村资金互助组织发展的制度进化[J]. 社会科学，2011(10)：70-73，82.

[61]陈思，聂凤英，罗尔呷，等. 正规借贷、非正规借贷对农户收入的影响：来自中国西部贫困地区的经验证据[J]. 农业技术经济，2021(5)：35-47.

[62]陈雪飞．合作制与股份制：不同经济背景下农村信用社的制度选择[J]．金融研究，2003(6)：115-120.

[63]程克群，孟令杰．农民专业合作社绩效评价指标体系[J]．经济问题探索，2011(3)：70-75.

[64]褚保金，张兰，王娟．中国农村信用社运行效率及其影响因素分析：以苏北地区为例[J]．中国农村观察，2007(1)：11-23.

[65]崔慧霞．农村民间金融的脆弱性与相机治理[J]．经济体制改革，2005(5)：80-84.

[66]邓奇志．功能视角下我国农村金融效率的现实审视及优化路径[J]．农村经济，2010(5)：52-55.

[67]邸俊刚，冯开文．中国农村合作金融组织路径依赖问题研究：以农村合作基金会为例[J]．农村金融研究，2011(1)：69-72.

[68]董晓林，石晓磊，徐虹．农民资金互助社经营目标偏移的实证解释：基于社会资本视角[J]．东南大学学报(哲学社会科学版)，2018，20(2)：52-59，146.

[69]董晓林，徐虹，易俊．中国农村资金互助社的社员利益倾向：判断、影响与解释[J]．中国农村经济，2012(10)：69-77.

[70]窦尔翔，刘丽颖．债权类教育金融制度效率研究[J]．改革与战略，2009(3)：89-96.

[71]杜晓山．农村金融体系改革的重要步骤：《深化农村信用社改革试点方案》出台[J]．中国金融，2003(17)：19.

[72]房德东，杨秀艳．以合作金融制度为基础的农村投融资体制研究[J]．农村经济，2004(2)：61-63.

[73]甘小丰．中国商业银行效率的SBM分析：控制宏观和所有权因素[J]．金融研究，2007(10)：59-69.

[74]高帆．农村中需求型金融抑制[J]．经济研究参考，2003(23)：29-30.

[75]高艳．我国农村非正规金融的绩效分析[J]．金融研究，2007(12)：242-246.

[76]葛勇．重建我国的农村合作金融[J]．商场现代化，2007(2)：361-362.

[77]谷慎，李成．金融制度缺陷：我国农村金融效率低下的根源[J]．财经科学，2006(9)：98-102.

[78]谷慎．中国农村金融体制改革的最优选择路径[J]．西北大学学报(哲学社会科学版)，2006(6)：47-50.

[79]郭海霞，鲁可荣．农村资金互助合作组织发展与管理现状及促进政策分析[J]．中国集体经济，2012(4)：7-9.

[80]郭赛君．基于 DEA 的农村合作金融机构效率分析：以广东省某地区为例[J]．财政监督，2010(10)：64-65.

[81]韩国明．从农信社和农基会改革经验教训谈农村资金互助社的发展[J]．农村经济，2009(5)：58-61.

[82]韩俊，罗丹，程郁．农村金融现状调查[J]．农村金融研究，2007(9)：9-20.

[83]郝立勤．农村资金互助合作社制度安排绩效分析[J]．农业经济问题(2010 年增刊)：173-178.

[84]何广文．农村资金互助合作机制及其绩效阐释[J]．金融理论与实践，2007(4)：3-8.

[85]何广文．中国农村金融供求特征及均衡供求的路径选择[J]．中国农村经济，2001(10)：40-45.

[86]何广文．资金互助：合作金融又一模式[J]．中国金融家，2009(12)：31-33.

[87]何广文，冯兴元，李莉莉．论农村信用社制度创新模式和路径选择[J]．中国农村信用合作，2003(8)：18-20.

[88]何学松．农村资金互助社出资模式与运营偏离：基于河南省农村

改革发展综合试验区的调查与思考[J]. 商业时代，2011(18)：69-70.

[89]胡建东，潘林，徐亮. 农民资金互助组织影响因素的实证分析：农户参与的视角[J]. 安徽农学通报，2009(2)：3-16，30.

[90]胡建东. 关于农民资金互助组织的制度经济学分析：基于太湖县的个案调查[J]. 广西财经学院学报，2009(6)：53-56，70.

[91]胡璇，李存. 农村资金互助社的发展及风险问题探究[J]. 长春金融高等专科学校学报，2018(5)：57-61.

[92]胡振华，李斌，林坚强. 农村资金互助会融资性质与实现形式：基于"三位一体"农协的思考[J]. 广西大学学报(哲学社会科学版)，2014(1)：28-33.

[93]黄惠春，褚保金，张龙耀. 农村金融市场结构和农村信用社绩效关系研究：基于江苏省农村区域经济差异的视角[J]. 农业经济问题，2010(2)：81-87.

[94]黄庆安. 农村信用担保机构的运行效率及其影响因素研究：基于DEA-Tobit 两步法的实证分析[J]. 东南学术，2011(3)：123-134.

[95]黄英君. 金融深化、扶贫效应与农村合作金融发展[J]. 华南农业大学学报(社会科学版)，2017，16(6)：32-41.

[96]黄祖辉，邵科. 合作社的本质规定性及其漂移[J]. 浙江大学学报，2009(4)：11-16.

[97]霍学喜，屈小博. 西部传统农业区域农户资金借贷需求与供给分析[J]. 中国农村经济，2005(8)：58-67.

[98]汲长虹，刘仲生，田国强. 合作制：满足农村弱势群体融资需求的制度保证[J]. 金融研究，2003(12)：129-134.

[99]纪崴. 走出农村资金互助社边缘化困境[J]. 中国金融，2012(16)：89-92.

[100]姜柏林. 农村资金互助社的发展前路在哪里：以梨树县农村资金互助社为案例(假说)分析[J]. 中国乡村发现，2010(2)：112-114.

［101］姜柏林．农村资金互助社融资难题待解［J］．银行家，2008(5)：95-97.

［102］姜柏林．为什么要发展农村资金互助社［J］．银行家，2009(12)：7，98-100.

［103］姜朋．合作的缺失：农村合作金融机构问题分析［J］．中国商法年刊，2008(00)：45-51.

［104］江曙霞，秦国楼．信贷配给理论与民间金融中的利率［J］．农村金融研究，2000(7)：4-7.

［105］蒋蔚．非正规金融、社会资本与主观幸福感：基于 CFPS 数据的研究［J］．南华大学学报(社会科学版)，2021，22(3)：80-89.

［106］蒋永穆，王丽程．新中国成立 70 年来农村合作金融：变迁、主线及方向［J］．政治经济学评论，2019，10(6)：78-94.

［107］金鹏辉．中国农村金融三十年改革发展的内在逻辑：以农村信用社改革为例［J］．金融研究，2008(10)：71-77.

［108］金英．SWOT 分析农村资金互助合作社的战略选择［J］．银行家，2010(1)：114-116.

［109］鞠荣华，许云霄．中国商业性和合作制农村金融机构效率比较［J］．中国农业大学学报，2015，20(6)：282-289.

［110］康蓉英．关于中国农村资金互助社运作的研究［J］．理论导刊，2008(12)：67-69.

［111］蓝虹，穆争社．中国新型农村合作金融发展十大问题论争［J］．上海金融，2017(4)：35-49.

［112］蓝虹，穆争社．论地方政府对新型农村合作金融的监管［J］．金融理论与实践，2017，(3)：10-15.

［113］兰秀文．基于信息不对称理论的民间金融研究［J］．经济论坛，2011(10)：138-140，146.

［114］兰永海，高俊，温铁军．农村资金互助组织的三种不同类型及

其比较研究[J]. 贵州社会科学，2018(1)：148-153.

[115]雷文杰，王敏杰，周磊，等. 非正规金融对农村居民多维贫困影响研究[J]. 金融发展研究，2019(5)：75-81.

[116]冷冰，周盛武. 发展合作金融是我国社会经济发展的必然[J]. 金融研究，1996(10)：39-43，68.

[117]李爱喜. 农户金融合作行为及其影响因素研究[J]. 农业经济问题，2009(8)：58-63，111.

[118]李红艳，宿桂红. 农村新型金融组织运行效率及支持畜牧业发展研究：以资金互助社为例[J]. 黑龙江畜牧兽医，2018(6)：43-46.

[119]李明贤，罗荷花. 普惠制农村金融机构支农能力指标体系的构建[J]. 中南财经政法大学学报，2013(4)：110-115，123.

[120]李明贤，唐文婷. 农村资金互助社运营中的金融消费者权益保护分析[J]. 农业经济问题，2019(12)：99-107.

[121]李明贤，周蓉. 社员异质性与资金互助合作的稳定运行机制[J]. 华南农业大学学报(社会科学版)，2016，15(6)：40-48.

[122]李树生. 再谈新时期我国合作金融的生存和创新[J]. 财贸经济，2003(5)：58-61.

[123]李鑫，田秀娟. 非正规金融的区域差异及其影响因素分析：基于借贷满标时间视角[J]. 财会月刊，2021(18)：153-160.

[124]李长健，冯果. 我国农民合作经济组织立法若干问题研究(下)[J]. 法学评论，2005(5)：91-102.

[125]李喜梅，黄凤仁. 金融机构与农民间的信用载体构建分析：兼论农村资金互助社的发展[J]. 贵州财经学院学报，2011(2)：55-61.

[126]李中华，姜柏林. 资金来源渠道不畅严重制约农村资金互助社发展：对全国首家农村资金互助社资金组织情况的调查[J]. 中国金融，2008(4)：70-71.

[127]李中华. 农村资金互助社发展情况调查[J]. 吉林金融研究，

2010(3)：65-67.

[128]林乐芬，赵倩，沈建芬．准新型农村金融机构运行绩效及影响因素研究：基于28家农民资金互助合作社的调查[J]．南京农业大学学报(社会科学版)，2013(2)：50-59.

[129]林南，敖丹．社会资本之长臂：日常交流获取工作信息对地位获得的影响[J]．西安交通大学学报(社会科学版)，2010，30(6)：74-81+88.

[130]林业亨．从国外经验看我国农业合作金融的发展模式[J]．农业经济，1999(2)：48-50.

[131]林毅夫，孙希芳．信息、非正规金融与中小企业融资北京大学中国经济研究中心讨论稿[J]．经济研究，2005(7)：35-44.

[132]刘婧，曹富．农民专业合作社资金互助突发事件的风险识别及其影响因素研究[J]．农林经济管理学报，2020，19(4)：439-448.

[133]刘娟，李明贤．基于投资者保护的农村资金互助社发展研究[J]．农村经济，2012(7)：51-54.

[134]刘凯利，王刚贞．农村资金互助合作社经营绩效研究：基于安徽太湖县案例[J]．郑州航空工业管理学院学报(社会科学版)，2010(1)：189-191.

[135]刘凯利．长丰县新型农村资金互助合作组织绩效评估：基于Yaron绩效评价体系[J]．江西金融职工大学学报，2010(4)：37-39.

[136]刘励敏．中国农村信用合作社体制改革与经营创新实证研究[J]．经济地理，2012，32(3)：126-131.

[137]刘莉亚，胡乃红，李基礼，等．农户融资现状及其成因分析：基于中国东部、中部、西部千社万户的调查[J]．中国农村观察，2009(3)：2-10，94.

[138]刘娜，赵慧峰，陈红．关于农民专业合作社资金互助的思考与分析[J]．会计之友，2011(3)：51-52.

［139］刘任重，李栋．基于金融约束理论的金融制度效率分析［J］．东岳论丛，2021，42（6）：28-35.

［140］刘锡良，刘利红，刘海二．农信社股份制改革绩效评价：农商行案例分析［J］．财经科学，2013（8）：28-38.

［141］刘西川，陈立辉，杨奇明．村级发展互助资金：目标、治理要点及政府支持［J］．农业经济问题，2015，36（10）：20-27，110.

［142］刘向荣．信息不对称理论及其意义：对 2001 年度诺贝尔经济学奖的评价［J］．新疆社科论坛，2002（1）：47-49.

［143］刘岩，仲晓天．合作金融的制度分析［J］．东北财经大学学报，2000（5）：46-47.

［144］刘泽仁，孙从海．中国农村金融发展：制度与效率［J］．农业经济问题，2007（1）：23-26.

［145］龙会芳．村镇银行与农村资金互助社的比较与合作［J］．金融与经济，2009（9）：75-77.

［146］楼栋，陈鹏，于雷．专业合作基础上发展资金互助的 SWOT 分析及其战略选择［J］．西北农林科技大学学报（社会科学版），2011（1）：35-40.

［147］陆磊，丁俊峰．中国农村合作金融转型的理论分析［J］．金融研究，2006（6）：1-14.

［148］罗晓晓．开办农村资金互助社的难点及其政策建议［J］．经济研究导刊，2012（27）：54，60.

［149］麻勇爱，章也微．农村资金互助社信用风险与防范［J］．云南民族大学学报（哲学社会科学版），2011（3）：86-91.

［150］马九杰，周向阳．农村资金互助社的所有权结构、治理机制与金融服务［J］．江汉论坛，2013（5）：59-65.

［151］孟存鸽．农村资金互助社的治理困境与完善路径［J］．现代经济探讨，2018（11）：51-57.

[152]孟飞．合作金融的组织形态及监管框架[J]．农村经济，2014(7)：69-73.

[153]欧潇雅．农村资金互助社现状与发展前景研究[J]．现代商贸工业，2010(22)：212-213.

[154]潘军昌．农民资金互助社中关系型贷款技术应用的研究：基于苏北L村数据的实证分析[J]．中国农学通报，2012(20)：215-220.

[155]潘林．关于银山农村资金互助组织的调查与思考[J]．中国农民合作社，2010(2)：34-36.

[156]彭春凝，苟正金．论我国农村资金互助社的法律制度完善[J]．西南民族大学学报(人文社会科学版)，2011(6)：34-36.

[157]齐良书，李子奈．农村资金互助社相关政策研究：基于社员利益最大化模型的分析[J]．农村经济，2009(10)：55-60.

[158]钱水土，周永涛．农村金融发展影响农民收入增长的机制研究[J]．金融理论与实践，2011(4)：57-62.

[159]钱水土，陆会．农村非正规金融的发展与农户融资行为研究：基于温州农村地区的调查分析[J]．金融研究，2008(10)：174-186.

[160]邱洋冬．农村非正规金融发展与城乡居民收入差距：基于面板平滑转换模型[J]．调研世界，2019(6)：27-32.

[161]邱兆祥，张爱武．基于FDH方法的中国商业银行X-效率研究[J]．金融研究，2009(4)：91-102.

[162]冉光和，赵倩．中国农村金融制度效率的测度及其空间差异研究[J]．农村经济，2012(1)：3-6.

[163]人行西宁中心支行研究处课题组，陈希凤，刘永合．强化扶持引导活跃农村金融：青海农村信用合作组织调查[J]．青海金融，2010(12)：10-12.

[164]戎承法，楼栋．专业合作基础上发展资金互助的效果及其影响因素分析：基于九省68家开展资金互助业务的农民专业合作社的调查[J].

农业经济问题，2011(10)：89-95，112.

[165]尚华伟．金融支持消费升级的影响机制：基于正规金融、非正规金融和互联网金融的比较[J]. 商业经济研究，2019(12)：157-161.

[166]邵传林．金融“新政”背景下农村资金互助社的现实困境：基于2个村的个案研究[J]. 上海经济研究，2010(6)：27-35.

[167]申云，高玉婷，陈怡西．农村资金互助社股权集中度会影响其运营效率吗？[J]. 西部经济管理论坛，2021，32(1)：36-48.

[168]师荣蓉，徐璋勇．基于随机边界分析的农村信用社利润效率及其影响因素研究[J]. 中国软科学，2011(9)：76-83.

[169]史晋川，叶敏．制度扭曲环境中的金融安排：温州案例[J]. 经济理论与经济管理，2001(1)：63-68.

[170]史君卿，吴敬学，窦以文．技术效率分析中的主要方法及其比较研究[J]. 农业经济问题，2008(S1)：51-58.

[171]史清华．农户家庭储蓄与借贷行为及演变趋势研究[J]. 中国经济问题，2002(6)：66-78.

[172]寿方亮．农村资金互助社的二元监管[J]. 现代商业，2013(3)：37-38.

[173]宋晓薇．农村资金互助社的多方联合发展道路探究[J]. 世界农业，2014(2)：168-172，180.

[174]孙继国，王倩，胡金焱．正规金融、非正规金融与农户生产经营风险：基于CHFS数据的实证研究[J]. 财经理论与实践，2020，41(6)：27-34.

[175]孙同全．从制度变迁的多重逻辑看农民资金互助监管的困境与出路[J]. 中国农村经济，2018(4)：41-53.

[176]孙玉奎，冯乾．我国农村金融发展与农民收入差距关系研究：基于农村正规金融与非正规金融整体的视角[J]. 农业技术经济，2014(11)：65-74.

［177］田琳．农村合作金融的发展现状研究综述［J］．乡镇经济，2009（10）：119-124.

［178］万阿俊．中印商业银行效率的实证比较研究［J］．上海经济研究，2011（4）：47-55.

［179］汪小亚．发展新型农村合作金融［J］．中国金融，2014（5）：22-24.

［180］王彬．中国农村合作金融功能异化与重构［J］．华东理工大学学报，2008（2）：33-36.

［181］王波，段梦雅．农村资金互助社发展困境及路径选择：基于社会企业视角的研究［J］．长春金融高等专科学校学报，2021（4）：71-78.

［182］王定祥，琚丽娟，李伶俐．我国金融支农效率的测度与改进策略［J］．当代经济研究，2013（11）：62-69.

［183］王刚贞，韩文．农户消费信贷与农村资金互助社［J］．时代金融，2018（26）：106-108.

［184］王刚贞．农村资金互助社绩效评价研究：基于安徽太湖的案例［J］．财贸研究，2012（6）：51-59.

［185］王建民，房东升，王建军．优势互补与有序竞争：村镇银行、农村资金互助社、小额贷款公司比较［J］．华北金融，2009（4）：26-29.

［186］王建英，陈东平．内生于农民专业合作社的资金互助社运行机制分析：基于不同经济发展程度的考察［J］．金融理论与实践，2011（2）：19-24.

［187］王景新，李玲．苏浙农村资金互助合作组织的调查与思考［J］．中国集体经济，2009（11）：14-16.

［188］王灵华，薛晶．我国商业银行效率评价及实证分析［J］．统计研究，2008（2）：83-87.

［189］王曙光，邓一婷．民间金融扩张内在机理、演进路径与未来趋势研究［J］．金融研究，2007（6）：69-79.

[190]王苇航．关于发展农村资金互助合作组织的思考[J]．农业经济问题，2008(8)：61-65.

[191]王玮，何广文，社区规范与农村资金互助社运行机制研究[J]．农业经济问题，2008(9)：23-28，110.

[192]王修华，沈岚．金融支农：存在问题及对策研究[J]．新疆财经，2003(1)：38-40.

[193]王学忠．国外金融支持农村合作组织的经验与借鉴[J]．农村金融研究，2009(10)：56-60.

[194]王杨．新型农村合作金融的异化及法律规制[J]．农村经济，2018(10)：72-77.

[195]王杨．新型农村合作金融组织的风险及防范[J]．人民论坛·学术前沿，2020(17)：108-111.

[196]王杨．新型农村合作金融组织社员权的法律保障：以农村资金互助社为研究视角[J]．中国农村观察，2019(1)：115-128.

[197]王永恒，吴军让，李亚雯．以农村合作经济组织为基础构造新型农村民营金融机构[J]．西部金融，2009(12)：34-35.

[198]王煜宇，张霞．农民资金互助社对外合作之困境及制度构建[J]．现代经济探讨，2020(3)：101-109.

[199]韦克游．中国农村金融对农户生产经营的支持：基于时间序列的经验证据[J]．金融论坛，2014(11)：61-71.

[200]温铁军，姜柏林．把合作金融还给农民：重构“服务‘三农’的农村金融体系”的建议[J]．农村金融研究，2007(1)：43-44.

[201]温铁军．农村合作基金会的兴衰史[J]．中国老区建设，2009(9)：17-19.

[202]温铁军．农村合作金融研究与发展的基本思路[J]．农村合作经济经营管理，1994(1)：27.

[203]温铁军．打破农村经济领域中的垄断：关乎八亿农民的命运

[J]. 中国改革，2001(8)：7-10.

[204]温啸宇，刘学侠. 我国农村合作金融的国际借鉴[J]. 理论视野，2020(2)：53-58.

[205]文博. 农村资金互助合作社对农村中小微企业融资的影响[J]. 山西农经，2019(5)：10-11.

[206]毋俊芝，安建平. 试论我国农村合作金融制度的异化[J]. 农业经济问题，2008(2)：18-21.

[207]吴俊杰，周再清. 我国金融支农效率现状分析[J]. 金融经济，2010(6)：42-43.

[208]席桂萍. 基于协整检验与误差修正模型的农村固定资产投资与农业经济增长关系实证研究：以河南省为例[J]. 安徽农业科学，2012(32)：15952-15954.

[209]席建松. 农村合作金融的经济效率及立法选择分析[J]. 河南师范大学学报(哲学社会科学)，2011(6)：72-76.

[210]夏英，宋彦峰. 我国新型农村合作金融类型及其发展现状考察[J]. 中国经贸导刊，2012(19)：29-31.

[211]夏英，宋彦锋，濮梦琪. 以农民专业合作社为基础的资金互助制度分析[J]. 农业经济问题，2010(4)：29-33，110.

[212]谢勇模，姜柏林. 农村资金互助社是适应农村生产关系的组织形式：浙江省玉环县珠港镇九山农村资金互助社调查[J]. 中国老区建设，2009(9)：15-16.

[213]谢勇模. 是市场准入，还是计划准入?：全国11家农村资金互助社的背景调查[J]. 银行家，2009(9)：114-117.

[214]于春敏，孟飞. 农村合作金融组织的发展及对其草根性的规制[J]. 上海财经大学学报，2013，15(6)：32-39.

[215]辛念军. 我国经济增长中的金融动员效率[J]. 经济理论与经济管理，2006(11)：32-37.

[216]姚耀军. 资金配置、价格发现与风险控制：对投资型互助会的田野调查分析[J]. 中国农村观察，2008(2)：19-27，39.

[217]叶敬忠，朱炎洁，杨洪萍. 社会学视角的农户金融需求与农村金融供给[J]. 中国农村经济，2004(8)：31-37，43.

[218]叶李伟，施佰发. 金融扶贫背景下我国农村资金互助社绩效评价：基于福建省南安市助民合作社资金互助部的调研与案例分析[J]. 福建论坛(人文社会科学版)，2019(1)：195-202.

[219]于蕾. 基于SWOT分析的山东省新型农村合作金融可持续发展研究[J]. 冶金管理，2021(1)：127-128.

[220]于占平. 基于产业共同体需求的农民专业合作社内融资问题研究[J]. 区域金融研究，2012(6)：13-18.

[221]余河，罗骏. 新型农村金融机构可行性研究[J]. 安徽农业科学，2011(29)：18323-18324.

[222]余新平，熊德平. 安徽省农村金融发展与农民收入增长[J]. 宁波大学学报(人文科学版)，2010(1)：123-127.

[223]余新平，熊皛白，熊德平. 中国农村金融发展与农民收入增长[J]. 中国农村经济，2010(6)：77-86，96.

[224]苑德军. 把金融发展中心放在结构上[J]. 银行家，2004(10)：13-14.

[225]岳志. 从金融交易成本看合作金融制度的效率[J]. 财经科学，2001(6)：42-46.

[226]曾康霖. 我国农村金融模式的选择[J]. 金融研究，2001(10)：32-41.

[227]曾学文，王辰华，吕忠伟. 农户的金融需求与中国农村的可持续发展：基于问卷调查的实证研究[J]. 北京师范大学学报(社会科学版)，2009(2)：129-137.

[228]詹锦华. 基于优化灰色模型的农村居民消费结构预测[J]. 武汉

工程大学学报，2009(31)：89-91.

[229]张超，顾锋，邸强．国外银行效率测度及其影响因素研究综述[J]．外国经济与管理，2005(4)：50-57.

[230]张德峰．论农村资金互助社的政府有限监管[J]．现代法学，2012，34(6)：126-135.

[231]张德元，张亚军．关于农民资金互助合作组织的思考和分析[J]．经济学家，2008(1)：40-47.

[232]张珩，罗剑朝，王佳楣．农村合作金融机构运行效率测度及其影响因素实证研究[J]．金融经济学研究，2013(4)：60-71.

[233]张雷，陈东平．资金互助组织存续优势及影响因素研究：基于22家农民资金互助社的调查[J]．南京邮电大学学报(社会科学版)，2017，19(1)：76-87，116.

[234]张明林，付春．集体选择、智猪博弈与农业组织的合作机制研究：一个林业合作社的例子[J]．商业研究，2006(6)：202-205.

[235]诸葛隽．民间金融创新：温州的实践[J]．上海经济研究，2009(4)：58-64.

[236]张笑寒，陈毓雯．内生动力视角下农民资金互助合作社的农户收入效应[J]．审计与经济研究，2020，35(6)：88-94.

[237]张笑寒，汤晓倩，陆信娟．农民资金互助合作社融资能力评价：以南京市为例[J]．山西农业大学学报(社会科学版)，2018，17(7)：46-53.

[238]张妍晨，王璐芹，邢玉霄，等．新型农村合作金融发展的现实障碍与破解路径研究[J]．农村经济与科技，2021，32(1)：80-82.

[239]张艳花．关注农民资金互助合作组织的发展[J]．中国金融，2007(11)：74-80.

[240]张阳．农村资金互助社发展困扰：法律父爱主义及其治理[J]．湖南农业大学学报(社会科学版)，2019，20(2)：1-7.

[241]张振海，茹少峰．陕西省金融支农效率评价及影响因素分析[J]．农业技术经济，2011(7)：82-89.

[242]张震．农村资金互助社的风险管理探究[J]．管理工程师，2018，23(5)：73-78.

[243]周振，陈东平，田妍．农村金融的诱致性制度变迁改善农户福利了吗?：以农村资金互助社为例的实证研究[J]．农村经济，2011(7)：60-64.

[244]张自强，张乐．农村金融规模、金融结构与农业资本配置效率[J]．技术经济与管理研究，2021(5)：71-75.

[245]章红，马义玲．新型农村合作金融发展的障碍及路径选择：基于农民专业合作社资金互助的视角[J]．西部金融，2018(3)：82-84，97.

[246]赵峦，孙文凯．农信社改革对改善金融支农的政策效应评估：基于全国农户调查面板数据的倍差法分析[J]．金融研究，2010(3)：194-206.

[247]赵珊珊，王红红，赵松波，等．新型农村合作金融问题研究[J]．现代营销(经营版)，2019(10)：181.

[248]赵晓峰．政治资源与农民合作社信用合作的生长[J]．天津行政学院学报，2019，21(1)：53-58.

[249]张晓燕．农村民间借贷的微观分析[J]．经济师，2007(12)：61-62.

[250]赵玉婷，王雪秋．探究农村普惠金融建设中合作金融的障碍破除路径[J]．农家参谋，2021(11)：97-98.

[251]张振海，茹少峰．陕西省金融支农效率评价及影响因素分析[J]．农业技术经济，2011(7)：82-89.

[252]郑宏，方文．农村资金互助社研究综述[J]．湖北大学成人教育学院学报，2011(6)：72-73.

[253]郑宏，陈英，甄力华．农村资金互助社的制度选择逻辑：理论

与实践[J]. 山东社会科学. 2012(6): 93-96.

[254]郑良芳. 农村金融组织体系必须以合作金融为基础[J]. 河南金融管理干部学院学报, 2007(6): 20-23.

[255]郑录军, 曹廷求. 我国商业银行效率及其影响因素的实证分析[J]. 金融研究, 2005(5): 91-101.

[256]郑美华, 王刚贞, 胡联. 农民合作社内资金互助规范发展的路径研究: 基于山东省临沂市的案例[J]. 山西农业大学学报(社会科学版), 2019, 18(3): 1-8.

[257]植凤寅. 农村合作金融再出发[J]. 中国金融, 2014(7): 90-93.

[258]中国人民银行合肥中心支行课题组, 汪昌桥. 安徽省农村资金互助社发展的实践与思考[J]. 中国金融, 2008(2): 65-67.

[259]周昌发. 乡村振兴战略下的农村合作金融制度改进[J]. 科学决策, 2020(12): 47-72.

[260]周立. 资金互助与穷人生计[J]. 银行家, 2005(11): 112-113.

[261]周梅. 农村金融组织信贷运行机制国外经验借鉴与启示研究[J]. 农业经济, 2017(10): 129-131.

[262]周强, 张全红. 农村非正规金融对多维资产贫困的减贫效应研究: 基于CFPS微观家庭调查数据的分析[J]. 中南财经政法大学学报, 2019(4): 46-57, 159.

[263]周蓉, 李明贤. 农村合作经济组织社员异质性及其对资金互助影响研究综述[J]. 农业经济与管理, 2018(1): 48-57.

[264]周再清, 吴俊杰. 基于DEA模型的金融支农效率研究[J]. 求索, 2009(9): 24-26.

[265]朱光辉. 农户参与农村非正规金融借贷的影响分析[J]. 中国市场, 2020(20): 48, 50.

[266]朱泓宇, 李扬, 蒋远胜. 发展村社型合作金融组织推动乡村振

兴[J]. 农村经济，2018(1)：21-27.

[267]朱建华，李荣强. 乡村振兴背景下农村金融影响西部地区绿色发展的机制分析：以贵州省为例[J]. 江苏农业科学，2021，49(15)：1-7.

[268]朱文浩. 农村资金互助社运行机制与发展成果分析[J]. 农村经济与科技，2012(9)：78-79.

[269]朱兴涛，李一凡. 信用如何生成？初探新型农村资金互助社中关系的结构化[J]. 社会发展研究，2021，8(2)：124-151，244.

[270]朱永利. 商业银行效率研究：文献综述及建议[J]. 上海金融，2012(9)：23-28，116.

[271]庄春瑞. 吉林省新型农村金融机构的发展现状及对策分析：以梨树县农村资金互助社为例[J]. 时代金融，2018(24)：54-55.

[272]卓凯. 非正规金融契约治理的微观理论[J]. 财经研究，2006(8)：112-123.